AF082130

Printed in the USA
CPSIA information can be obtained
at www.ICGtesting.com
LVHW051544050124
767941LV00089B/4712

9 789358 724578

نمکین مزاح پارے

(انشائیے)

ڈاکٹر محمد اسد اللہ

© Taemeer Publications LLC
Namkeen Mizah Paarey *(Light Essays)*
By : Dr. Mohammad Asadullah
Edition: December '2023
Publisher :
Taemeer Publications LLC (Michigan, USA / Hyderabad, India)

ISBN 978-93-5872-457-8

9 789358 724578

مصنف یا ناشر کی پیشگی اجازت کے بغیر اس کتاب کا کوئی بھی حصہ کسی بھی شکل میں بشمول ویب سائٹ پر اَپ لوڈنگ کے لیے استعمال نہ کیا جائے۔ نیز اس کتاب پر کسی بھی قسم کے تنازع کو نمٹانے کا اختیار صرف حیدرآباد (تلنگانہ) کی عدلیہ کو ہوگا۔

© تعمیر پبلی کیشنز

کتاب	:	**نمکین مزاح پارے**
مصنف	:	**ڈاکٹر محمد اسد اللہ**
صنف	:	طنز و مزاح
تدوین و ترتیب	:	ادارہ شگوفہ
ناشر	:	تعمیر پبلی کیشنز (حیدرآباد، انڈیا)
سالِ اشاعت	:	۲۰۲۳ء
صفحات	:	۳۲
سرورق ڈیزائن	:	تعمیر ویب ڈیزائن

فہرست

(۱)	شناس نامہ	محمد اسد اللہ	6
(۲)	من آنم (خود نوشت)	محمد اسد اللہ	7
(۳)	بخار	محمد اسد اللہ	8
(۴)	نوٹ	محمد اسد اللہ	10
(۵)	قرض کی شان میں	محمد اسد اللہ	12
(۶)	گاؤں کے راستے	محمد اسد اللہ	14
(۷)	مہمانوں کا سیلاب	محمد اسد اللہ	16
(۸)	کان	محمد اسد اللہ	18
(۹)	آہ مولانا! (مولانا ابوالکلام آزاد)	محمد اسد اللہ	20
(۱۰)	گلیشیر (ڈاکٹر مدحت الاختر کا خاکہ)	محمد اسد اللہ	24
(۱۱)	کچھ پرزے میرے	یوسف ناظم	27
(۱۲)	محمد اسد اللہ کے پرپرزے	بابو آر کے	28
(۱۳)	صوفی صاحب (محمد اسد اللہ کا خاکہ)	ڈاکٹر ناصر الدین انصار	29
(۱۴)	مشاہیر کے تاثرات	-	31

شناس نامہ

نام : محمد اسد اللہ

مقامِ پیدائش : ورود، ضلع امراوتی (مہاراشٹر)

تاریخ پیدائش: 16 جون 1958

تعلیم : ایم۔اے۔ (اردو، عربی، انگریزی، فارسی)، بی ایڈ، پی ایچ ڈی، ڈپلوما ان جرنلزم اینڈ ماس کمیونی کیشن، راشٹر بھاشا کوید۔

ملازمت : سابق مدرس، مولانا ابوالکلام آزاد جونیئر کالج، گاندھی باغ، ناگپور

پتہ : 30۔گلستان کالونی، پانڈے امرائی لانس (ویسٹ)، جعفرنگر ناگپور 440013

فون نمبر: +91 9579591149

ای میل: zarnigar2006@yahoo.com

تصانیف و تالیفات

بوڑھے کے رول میں، ڈبل رول (انشائیے)، پر پرزے، ہوائیاں (طنزیہ و مزاحیہ مضامین) خواب نگر، گپ شپ، پرواز، صبحِ زرنگار، ماہنامہ کھلونا۔ ایک انتخاب، مزاحیہ مضامین (درسی کتابوں سے انتخاب)، پیکر اور پرچھائیاں، انشائیہ کی روایت، مشرق و مغرب کے تناظر میں (تحقیق و تنقید) یہ ہے انشائیہ، انشائیہ شناسی، (مرتبہ) جمالِ ہم نشیں، دانت ہمارے ہونٹ تمہارے (مراٹھی مزاحیہ ادب کے تراجم)

انعامات و اعزازات

مختلف کتابوں اور ڈراموں پر مہاراشٹر، بہار، اتر پردیش، اور مغربی بنگال اردو اکادمیوں کے انعامات کے علاوہ اردو مراٹھی ادبی خدمات کے لیے مہاراشٹر اردو ساہتیہ اکادمی ممبئی کا سیتو مادھو پگڑی ایوارڈ مختلف ادبی و سماجی اداروں کے انعامات واعزازات۔

سماجی سر گرمیاں

مختلف سماجی، ادبی اور تدریسی اداروں کی رکنیت نیز

☆اردو درسی کتابوں کی ٹریننگ (جماعت پنجم تا دوازدہم) میں بحیثیت ریسورس پرسن خدمات اور ورک شاپ میں شرکت

☆دہلی، ناگپور، ممبئی، بھوپال، دھولیہ، اچل کرنجی وغیرہ شہروں میں منعقدہ ادبی سیمیناروں میں اظہار خیال اور مقالہ خوانی۔

☆این سی ای آر ٹی، نئی دہلی کی ورک شاپ اور میٹنگ میں شرکت۔

☆ریڈیو اور ٹیلی ویژن کے پروگراموں میں شرکت۔

☆مراٹھی اور اردو سے متعلق ادبی تقریبات میں اظہارِ خیال۔

مجلسِ ادارت میں رکنیت

1۔ مدیر، مجلّہ تہذیب الکلام، ناگپور، چھ شمارے (2000) تا (2011)

2۔رکن، مجلسِ ادارت، مشاہیرِ برار، (جلد دوّم)

3۔رکن مجلس مطالعات و ادارت، لسانی کمیٹی (اردو) بال بھارتی، پونے (برائے جماعت اول تا دوازدہم)

4۔رکن مجلسِ ادارت، کمار بھارتی، 2007، (اردو کی درسی کتاب برائے جماعت دہم) مہاراشٹر اسٹیٹ بورڈ آف ایجوکیشن، پونہ

5۔رکن، مجلسِ ادارت مجلہ عروج، بیادگار 125 سالہ جشن یوم تاسیس، انجمن حامیِ اسلام، ناگپور 2013

انتخابات اور درسی کتابوں میں شمولیت

1۔بائیسکل کی رفاقت میں (انشائیہ) مشمولہ : تعارفِ اردو، برائے جماعت نہم، مہاراشٹر ایجوکیشن بورڈ، پونے 1994

2۔پیڑ نہ کٹنے پائے (نظم) مشمولہ : بال بھارتی، برائے جماعت دوم، پونے 2013

3۔پریس کئے ہوئے کپڑے (انشائیہ) مشمولہ : منتخب انشائیے، مرتبہ، سلیم آغا قزلباش، لاہور 1984

4۔انڈر لائن (انشائیہ) مشمولہ : نئے انشائیے، مرتبہ، سلیم آغا ......وغیرہ

محمد اسد اللہ

من آنم (خودنوشت)

اپنے متعلق سوانحی نوٹ لکھنا نوٹیں کمانے سے زیادہ مشکل کام ہے۔ دنیا بھر کی آپ بیتیوں میں غلط بیانیوں یعنی نقلی نوٹوں کا چلن عام ہے اور خود نمائی کے لیے سات خون معاف ہیں۔ اپنے چال چلن کا سچا محاسبہ خودنوشت سوانح نہیں لکھواتا، استغفار کرواتا ہے۔ میں نے اس صنف میں طبع آزمائی صرف اس لیے نہیں کی، کہ اپنے ان ہم سفروں اور ہم نشینوں کے عیب بیان کرنے سے محفوظ رہ سکوں، جو عمر بھر اس حقیقت کا عملی ثبوت پیش کرتے رہے کہ بے عیب ذات تو صرف خدا کی ہے۔ کوائف میں اس کی گنجائش کم ہے اس لیے یہ چند سطور قارئین کی نذر کر رہا ہوں۔

ناچیز ۱۹۵۸ء میں مہاراشٹر کے ایک قصبے وروڈ میں پیدا ہوا جو سنگتروں کی پیداوار کے لیے اس قدر مشہور تھا کہ اسے وِدربھ کا کیلیفورنیا کہا جاتا تھا۔ اس مقام کی نام آوری نے اس دکھ کی تلافی کر دی جو ایک معمولی بستی میں پیدا ہونے والے کسی باشندے کو ہوسکتا ہے۔ سنگتروں کی ترشی اور شیرینی میری زبان و قلم سے طنز و مزاح بن کر پھوٹ نکلی۔ زاہد نہ ہوتے ہوئے بھی میں بڑا خشک قسم کا آدمی ہوں، جب سے چند مزاح نگاروں کو میں نے اس رنگ میں دیکھا ہے، اپنی افتادِ طبع پر شرمندہ نہیں ہوں۔

ڈاکٹر سید مصطفیٰ کمال، مدیر ماہنامہ شگوفہ حیدرآباد نے مجھے راہِ ظرافت پر آگے بڑھنے کا حوصلہ دیا اور ڈاکٹر وزیر آغا، مدیر، ماہنامہ اوراق، لاہور نے انشائیہ کی قلمرو میں داخلے کا ویزا فراہم کیا۔ آج بھی کعبہ میرے پیچھے ہے کلیسا میرے آگے کی کشمکش میں مبتلا ہوں۔ انشائیہ نگاری کی تحریک میں شامل ہونے کی سزا یہ ملی کہ تخلیق و تحقیق اور تراجم پر مبنی درجن بھر کتابوں کے باوجود، اکثر ملکی جائزہ نگاروں نے غیر ملکی سمجھ کر بھارت کے انشائیہ نگاروں کی فہرست سے نکال باہر کیا۔ تاہم خوش ہوں کہ کم از کم ماہنامہ شگوفہ میں' اس تھیلی کے چٹے بٹے' (فہرست) کے مطابق انشائیہ نگار ہوں۔

آبائی وطن میں تعلیم حاصل کرنے کے جبر نے مجھے مراٹھی ادب کا قدرداں اور مترجم بنا دیا۔ اُدھر کا مال ادھر کرنے کی کوشش میں مراٹھی تراجم کی دو کتابیں شائع ہو چکی ہیں۔

روزگار کی مجبوریوں نے اپنی زمین سے اکھاڑ کر شہر ناگپور کے ایک شعبہ تدریس میں سجادیا تھا۔ میں جس تعلیمی ادارے میں برسرکار تھا وہاں مجھ پر دو ٹھپے لگے ہوئے تھے۔ ایک'' ادیب و دانشور'' کا اور دوسرا باہر کے علاقے سے آکر ناگپور میں بسے ہوئے'' مہاجر'' کا، اسی لیے لوگ مجھے'' البیرونی'' کہہ کر پکارتے تھے۔ خدا کا شکر ہے کہ مجھے صبر و شکر کے ساتھ برداشت کیا گیا (صبر اُن کا، شکر میرا)۔ بہر حال میں وہاں ایک ''ان وانٹیڈ'' تھا جس کے ساتھ وہاں کے وسیع القلب باشندوں نے وہ سلوک کیا جو کسی'' وانٹیڈ'' کے ساتھ کیا جاتا ہے۔

گزشتہ سال عمرِ عزیز نے یہ کہہ کر اس کام سے سبکدوش کر دیا کہ بس! بہت ہو چکا، اب تک نہ مثالی استاد کا ایوارڈ حاصل کیا نہ' سر محمد اقبال' جیسا کوئی شاگرد تصنیف کیا، یوں بھی اس پیشے میں تم 'کسی طور کما کھانے' کے لیے' مچھندرانہ شان سے آئے تھے، اب بس کرو۔ ان دنوں درسی کتابوں کے ادارے بال بھارتی، پونے، میں کتابوں کی تدوین کے کاموں میں ہاتھ بٹاتا ہوں۔۔

ڈاکٹر محمد اسد اللہ

بخار

بخار کسی شوخ دوشیزہ کے چونچلوں کی طرح ہوتا ہے۔ یہ گھٹا بن کر ہمارے وجود پر چھانے لگے تو اندر ہی اندر میٹھی میٹھی کسک سر اٹھاتی ہے۔ جوڑ جوڑ میں درد سریلی گھنٹیاں بن کر گونجنے لگتا ہے۔ ایک عظیم رومان پرور آہ ہونٹوں کی چق اٹھا کر دنیا کے گلیارے میں جھانکنے لگتی ہے۔ شام رنگین ہو جاتی ہے۔ دھوپ دلکش ہو اٹھتی ہے اور دل زور زور سے دھڑکنے لگتا ہے۔

ممکن ہے بخار سے متعلق میرے یہ احساسات کسی ایسے شخص کے لیے زخموں پر نمک کا کام دیں جس کے پیچھے بخار قرض دار کی طرح ایک عرصے سے لٹھ لیے پھر رہا ہے۔ بخار سے متعلق میں خاصہ خوش گمان اس لیے واقع ہوا ہوں کہ بچپن بیتے ایک عرصہ ہوا، دو ایک مرتبہ سے زیادہ حرارت سے تپتے ہوئے کسی بخار کے نرم ہاتھوں نے میرے ماتھے کو چھو کر نہیں پوچھا...... کہو اب طبیعت کیسی ہے؟

بیماری تو خیر کھانس کھانس کر تھوکتے ہوئے دقیانوسی بوڑھے کی طرح ہے البتہ بخار بڑا رومان انگیز تجربہ ہے۔ عشق ہی کی طرح اس کی عمر عزیز مختصر ہے۔ گویا شاخ سبز پر ایک مسکراتا پھول ہو۔ اس کے برعکس بخار آئے اور ٹلنے کا نام نہ لے تو اس کی حیثیت اس محبوبہ کی سی ہے جو بیوی بن کر مستقل سر درد میں ڈھل جائے۔ اتفاق یہ کہ سر درد بخار سے قریب تر ہے اور بیوی ایک مستقل بیماری ہے۔

بیماری آدمی کو اژدھے کی طرح چاروں طرف سے لپٹ کر اپنے نرغے میں لے لیتی ہے۔ ایک بیماری کے پیٹ سے دوسری بیماری پیدا ہوتی ہے کیونکہ وہ ہوتی ہی مونث ہے۔ کوئی بھی مونث شے عرصہ دراز تک واحد نہیں رہ سکتی، وہ دیکھتے ہی دیکھتے جمع الجمع میں تبدیل ہو جاتی ہے۔ اپنی دھرتی ہی کی مثال لیجیے اس کی یہی صفت اس کے باشندوں میں منتقل ہوئی تو انھوں نے سرحدیں کھینچ کر ساری دنیا کو ٹکڑوں میں بانٹ دیا۔ بیماری بھی آدمی کے اندر ایک ایسے ہی انتشار کو جنم دیتی ہے، جس کے نتیجے میں اکثر وہ ایک جزیرے میں ڈھل جاتا ہے۔ بخار مذکر ہے، مجرد زندگی گزارتا ہے۔ وہ کمبل کی طرح مریض کو خود سے چمٹاتا نہیں، شرعی مہمان کی طرح آتا ہے اور دو تین دن سے زیادہ ٹھہرتا بھی نہیں۔ اس کے آتے ہی ہم دوا دارو، ڈاکٹر انجکشن وغیرہ دوڑ دھوپ کرتے ہیں۔ ناظرین یا تمکین سمجھتے ہیں کہ ہم بخار کو بھگانے کی تیاری کر رہے ہیں۔ جبکہ یہ سب اس معزز مہمان بخار کی خاطر مدارات کے لیے ہوتا ہے۔ بخار جب رخصت ہونے لگتا ہے تو مریض اسے چپکے سے آنکھ مار کر کہتا ہے کہ بھائی! کبھی کبھار آیا جایا کرو، اس کو اپنا ہی گھر سمجھو تمہارے آنے سے مجھ کولہو کے بیل کو دو تین دن کا آرام مل جائے گا۔ ورنہ نہ تو مجھے میرا آفس چین لینے دیتا ہے نہ گھر کی مصروفیات ایک پل آرام کا موقع دیتی ہیں۔ میرے آرام کی فکر کسے ہے تم ہی ان سب کو سمجھا سکتے ہو۔ تمہارا کہا کوئی نہیں ٹالتا۔

میں اکثر محسوس کرتا ہوں کہ بخار یا بیماری ایک بڑی طاقت ہے جو تیز رفتاری سے گھومتے ہوئے وقت کے اس پہیے کو جو ہماری گنجان مصروفیات سے عبارت ہے آن واحد میں روک کر ہمیں ٹھنڈے دل سے غور کرنے کا ایک موقع فراہم کرتی ہے کہ وقت کی کیل پر گھومتی ہوئی اس دنیا میں کہیں ہمیں یہ باور کرا کے بے

وقوف تو نہیں بنایا جارہا ہے کہ سارے پہیے ہمارے ہی چلانے سے چل رہے ہیں۔ اس میں کیا شک ہے کہ دنیا ایک بڑی عظیم مشین ہے اور آدمی اس کے کروڑ ہا پہیوں میں سے ایک پہیہ ہے۔

بخار دراصل ایک مراقبہ ہے جس میں آدمی پر انکشاف کے نت نئے دروازے کھلتے ہیں۔ بخار میں جہاں مریض کو برے برے خواب دکھائی دیتے ہیں وہیں کچھ حقیقتیں بھی اس کے سامنے دست بستہ حاضر ہوتی ہیں۔ منجملہ ان حقائق کے انسان کی بے بسی، بے بضاعتی اور بے مصرفی بھی ہے۔ اس کے سامنے اس کی شخصیت کے دونوں پہلو آئینہ ہوجاتے ہیں کہ وہ جتنا کارآمد سمجھا جاتا ہے اتنا ہی ناکارہ بھی ہے۔ بخار یا بیماری میں انسانی شخصیت کے غیر اہم پہلو اچانک اہمیت اختیار کر لیتے ہیں۔ جن اہم پہلوؤں پر تکیہ تھا وہ ہوا دینے لگتے ہیں اور کچھ اس طرح خارج از بحث قرار دیے جاتے ہیں کہ آدمی بستر پر لیٹے لیٹے غالب کے اس مصرع پر غور کرتا رہ جاتا ہے:

کون سے کام بند ہیں غالبِ خستہ کے بغیر

لوگ اور ڈاکٹر کچھ بھی کہیں میں تو کہتا ہوں بخار آدمی کی ایک اندرونی ضرورت ہے۔ بخار ہماری ہڈیوں اور خون کی تہہ نشین موجوں میں بے کسی کی زندگی گزارتا ہے۔ اندر ہی اندر لاوے کی طرح پکتا رہتا ہے۔ ہماری شخصیت کے وہ عناصر جن کو اپنی کسمپرسی، عدم توجہی اور زمانہ کی ناقدری کا احساس آتش زیر پا رکھتا ہے جسم کے اندر ایک جگہ جمع ہونے لگتے ہیں۔ تب ہمارے جسم کے پنڈال میں خوب جلسے منعقد ہوتے ہیں۔ تقریریں کی جاتی ہیں۔ اپنے پیالہ وساغر نہ ہونے کی شکایت کی جاتی ہے۔ گردش مدام کو کوسا جاتا ہے۔ ایسی جگہ سے بھاگ چلنے کا مشورہ ہوتا ہے جہاں چارہ گر کوئی نہ ہو اور نوحہ خواں کوئی نہ ہو۔ چنانچہ ہماری ہستی کے ایسے تمام بیکل اجزا کا مجمع جسم کے شہر میں 'شہر بند' کا نعرہ لگا کر ہڑتال پر نکل پڑتا ہے؛ تب جسم وجاں سلگنے لگتے ہیں، چھینکوں پر چھینکیں آنے لگتی ہیں، Tonsils بڑھ جاتے ہیں۔ دردِ سر ہمارے پورے وجود کا احاطہ کر لیتا ہے۔ تب آس پاس کے لوگوں میں سے ہر کوئی دوڑ دوڑ کر آتا ہے۔ خیریت دریافت کرتا ہے۔ ارے! کیا ہوا؟

بھئی! بخار کیسے آگیا؟ اپنی صحت کا خیال رکھو، اتنا کام نہ کرو وغیرہ وغیرہ۔ اندھا کیا چاہے، دو آنکھیں۔ ہمارے اندر چھپا بیٹھا بخار بھی یہی چاہتا ہے کہ کوئی ہماری دوڑ دھوپ کا اعتراف کرے، ہمدردی جتائے، ہمارے حال پر ترس کھا کر ہمدردی کے دو میٹھے بولوں سے ہمارا کلیجہ ٹھنڈا کردے۔ عام حالت میں یہ ساری فضا مفقود تھی۔ بخار کے آتے ہی ملنے، جلنے والے ایسے رویہ کا مظاہرہ کرنے لگتے ہیں جو ان کی ذات کے اندھے آئینہ میں عکس کی صورت سو رہا تھا۔ اب اس کی جگہ ایک صحت مند آئینہ فٹ ہوگیا جو زندہ آنکھ کی طرح دیکھتا بھی ہے اور اب اس کی شفاف سطح پر محبت اور ہمدردی کا وہ عکس ابھر آیا جس کی پیاس ہی دراصل بخار کا پیش خیمہ تھی۔ اس عکس کی نمود میں آدھا حصہ مریض کا ہے، آدھا آئینہ کا لیکن اسے تحریک بخار ہی نے دی۔ مزاج پرسی کے آئینہ میں نظر آنے والے آپ کے چہرہ کو اگر بخار، اڑیل ٹٹو بن کر کھوج نہ نکالتا تو شاید وہ آپ کو کبھی نظر نہ آتا اس چہرہ میں آدمی کو اپنے اطراف بکھرے لوگوں کے اندر موجود اس کے حصے کی محبت، اپنائیت اور ہمدردی کا کشیدہ عطر ہاتھ لگتا ہے جو جذبوں کے عطر دان میں غفلت اور بے حسی کی دھول کھاتا پڑا تھا۔

پچھلے دنوں میں ایک ہسپتال میں ایک قریبی رشتہ دار مریض کی تشویش ناک حالت پر خود اپنے آپ کو بے حال کیے ہوئے سر جھکائے غمزدہ بیٹھا تھا۔ ایک خوبصورت نرس میرے قریب آئی اور بولی...... مسٹر! تم اتنے اداس کیوں ہو؟ مجھے محسوس ہوا بخار دھیرے دھیرے میرے بالوں میں انگلیاں پھیر رہا ہے اور قریب تھا کہ وہ میرے اندر سما جاتا کہ ادھر ایک اور مریض عشق پر خدا کی رحمت نازل ہو رہی تھی لہٰذا اس نے نرس اور بخار دونوں کو اپنی طرف بلا لیا۔

☆......○......☆

(ڈاکٹر) محمد اسد اللہ

نوٹ

نوٹ بظاہر ایک کاغذ کا ٹکڑا ہے لیکن ہر کاغذ کے ٹکڑے کا یہ نصیب کہاں کہ نوٹ کہلائے بلکہ نوٹ جو یقیناً کاغذ ہے اس کے بھی دو چار ٹکڑے کر دیے جائیں تو وہ بھی نوٹ نہیں رہ جاتا۔ ایک نوٹ مضامین کے مقطع میں ہوا کرتا ہے جو سخن گسترانہ بات کہنے کے کام آتا ہے، فٹ نوٹ کہلاتا ہے۔اس جھگڑے کی جڑ کو مضمون سے باہر ہی رکھا جاتا ہے۔اس کی ضرورت محض مضامین کی تفہیم کے لیے ہوا کرتی ہے البتہ بعض اوقات فٹ نوٹ کی تفہیم کے لیے بھی مضامین لکھے جاتے ہیں۔

نوٹ بمعنی روپیہ افہام و تفہیم کے لیے کسی فٹ نوٹ کا محتاج نہیں ہوتا، یہ ناسمجھوں کو بھی بہت کچھ سمجھا دیتا ہے اور جس کے پاس نوٹ نہ ہو وہ لوگوں کو سمجھا سمجھا کر تھک جاتا ہے، سننے اور دیکھنے والوں کے کچھ بھی سمجھ میں نہیں آتا اور اس شخص کو کوئی کچھ نہیں سمجھتا۔ ہماری سرکار قومی یکجہتی کے لیے نوٹ کی پشت پر ۱۴ زبانوں میں لکھ مارتی ہے۔نوٹ کی شدید ضرورت پہلے ہی عوام کے چودہ طبق روشن کر چکی ہوتی ہے اس لیے کوئی اس کے مطالعے میں سر نہیں کھپاتا یوں بھی آجکل خرید کر پڑھنے کا رواج کم ہے۔

نوٹ کا شمار انسان کی بنیادی ضروریات میں کیا جاتا ہے کہ وہ ہر بنیادی اور بے بنیاد ضرورت کو پورا کرسکتا ہے۔اس کے چند فوائد اور بھی ہیں۔اس سے آدمی کی صحت اچھی رہتی ہے۔ دماغ جگہ پر رہتا ہے۔کبھی کبھی عرش پر بھی پہنچ جاتا ہے۔نوٹوں کی کمی سے ہمیشہ سر میں درد رہتا ہے، زیادتی سے رات میں نیند نہیں آتی۔ دن میں عام آدمی کو فلمی ستارے اور فلمی ستاروں کو انکم آفیسرس نظر آتے ہیں۔

سنا ہے گذشتہ زمانے میں روپیہ پیسہ سرے سے ہوتا ہی نہ تھا۔ یوں تو آجکل ہماری جیب میں بھی نہیں ہوتا اور جب بھی ہونے کو ہوتا ہے اسے کچھ نہ کچھ ضرور ہو جاتا ہے۔ ابتدا میں روپیہ بلیک تھا نہ وائیٹ، نہ ہی انسانوں کے کالے گورے ہونے کا مسئلہ پیدا ہوا تھا۔ یہ علّت اس وقت پیدا ہوئی جب ذرا زیادہ سفید قسم کے لوگ پیدا ہو گئے۔ ممکن ہے روپئے کے ساتھ بھی یہی معاملہ پیش آیا ہو۔اس زمانے میں لوگ چیزوں سے چیزیں بدل لیا کرتے تھے۔ مثلاً بڑھئی کو جوتے کی ضرورت پیش آئی، اور یہ ضرورت انسانوں کو صراطِ مستقیم پر چلنے اور چلانے کے لیے شروع ہی سے پیش آتی رہی ہے۔تب بڑھئی ایک آدھ چارپائی موچی کی خدمت میں لے جا کر کھڑی کر دیتا اور جوتا پہن کر خوشی خوشی اپنے گھر لوٹ آتا۔ جولاہے کو اناج کی ضرورت محسوس ہوتی تو وہ کسان کو کپڑے کا ایک تھان نذر کرتا جس سے متاثر ہو کر وہ اناج کا ایک بورا اس کے ہمراہ بندھوا دیتا، وہ کہتا ہی رہ جاتا کہ اس کی کیا ضرورت ہے۔

اس تاریخی دور کی کچھ جھلکیاں ہماری مجلسوں میں آج بھی دیکھی جاسکتی ہیں۔چونکہ یہ مشینی دور ہے، اشیا کا تبادلہ بڑی برق رفتاری سے ہوتا ہے۔ ادھر ایک زنزناتا ہوا جوتا مکتوب الیہ کی طرف روانہ ہوا نہ ہوا کہ ادھر سے ایک کرسی دھڑ سے ارسالِ خدمت ہوئی۔آخر کار صدر کو مداخلت کر کے معاملہ رفع دفع کرنا پڑتا ہے۔ یہی فرض گذشتہ زمانے میں کوڑیوں نے انجام دیا۔لین دین کے اس کاروبار میں جب الجھنیں سر ابھارنے لگیں تو

روپیہ پہلی بار کوڑیوں کا روپ دھارن کر کے انسانوں کے اس سیدھے سادے کاروبار میں بندر کی طرح کود پڑا ،تبھی سے یہ بندر بانٹ شروع ہوگئی ،جواب تک جاری ہے ۔سنا ہے اب وہ تمام بندر روپے کا چولا اتار کر بڑے بڑے شہروں میں جا بسے ۔ان کی بڑی بڑی کوٹھیاں ،تجارتیں اور فیکٹریاں ہیں ۔غرض اس راستے سے انسانوں کے کاروبار میں پہلے کوڑیاں آئیں ،پھر چمڑا ،پتھر ،سونا چاندی وغیرہ دھاتوں کا داخلہ ہوااور جب مرزا غالب نے فرمادیا کہ:

کاغذی ہے پیرہن ہر پیکرِ تصویر کا

تو لوگوں کی تجوریوں نے ان وزنی سکّوں کے بارِگراں سے نجات پائی ،عوام نے سکھ کا سانس لیا۔اس طرح کاغذی نوٹوں کا چلن عام ہوا ۔ ہلکے پھلکے کاغذی نوٹوں کو دیکھ کر لوگ بہت خوش ہوئے ،اس خیال سے کہ ان کاغذی ٹکڑوں کو ہم جب جس طرح چاہیں چلا لیں گے ۔جس طرح بے وزن بے حیثیت اور کمزور آدمی کولوگ انگلیوں پر چلا لیا کرتے ہیں ،(زیادہ کمزور ہوتو تگنی کا ناچ بھی نچا لیتے ہیں)،یہی نیک ارادے وہ نوٹوں کے ساتھ بھی روا رکھنا چاہتے تھے ۔عین وقت پر اس انکشاف نے ان کے ارادوں پر پانی پھیر دیا کہ ریزرو بینک میں ان نوٹوں کے پیچھے بڑی وزن دار شے رکھی ہے ۔(یہ خوف ایسا ہی تھا جیسے کسی کمزور آدمی کے بارے میں اچانک پتہ چلے کہ اس کے تعلقات کسی وزن دار آدمی سے ہیں)۔اس سے یہ پتہ چلا کہ جدید شاعری کے علاوہ ہر چیز میں وزن ضروری ہے ۔

زمانے کے ساتھ معیار بدل جاتے ہیں ۔پہلے سورج زمیں کے گرد چلا کرتا تھااور بڑی سعادت مندی کے ساتھ مسلسل لاکھوں برسوں تک سر جھکائے چلتا رہا۔بھلا ہوگلیلیو کا جس نے اس سفر سے اسے چھٹکارا دلایا۔اور زمیں کو سمجھایا کہ ’میڈم !اب زمانہ عورتوں کا آرہا ہے آپ کو بھی مردوں کے شانہ بشانہ چلنا چاہیے،‘ چنانچہ اس کے بعد زمین سورج کے گرد چلنے لگی ۔اس واقعہ کا الٹا اثر یہ ہوا کہ پادریوں نے گیلیلو کا چلنا پھرنا حرام کردیا۔

شروع شروع میں انسانوں نے کوڑیاں چلائیں،پتھر ،سونا،چاندی وغیرہ دھاتیں چلائیں بلکہ لکھنو کے چند بانکوں نے تو اپنی مونچھوں کے بال تک چلا لیے ۔یوں تو آج بھی لوگ اپنی پگڑیاں ،داڑھیاں ،شیروانیاں چلا ہی رہے ہیں ۔بات دوسری طرف چل پڑی ۔ بہر حال زمانہ بدلا ۔یعنی اونٹ نے کروٹ بدلی تو جہاں آدمی سکّے چلایا کرتا وہیں سکّوں نے آدمی کو چلانا شروع کردیا۔

سکّوں کے ارتقا کا سرسری مطالعہ ہمیں یہ بتا تا ہے ۔کہ پچھلے زمانے کے پتھر اور چمڑے کے سکّے آج روبل ڈالر، پیٹرو ڈالراور انّ بن کر دنیا بھر میں دندناتے پھر رہے ہیں ۔نوٹوں کی اس ترقّی نے انسانوں کی دوڑ کو ریورس گیئر میں چلا کر ترقّیِ معکوس سے ہمکنار کیا۔نتیجہ یہ ہوا کہ روپیہ پیسہ کی اس ریل پیل نے انسانوں کودو کوڑی کا نہ رہنے دیا۔اب یہ عالم ہے کہ کاغذ کا ایک حقیر سا ٹکڑا آدمی کے دام بڑھا دیتا ہے اور پل دو پل میں اس کی جیب سے اتر کر اسے لوگوں کی نظروں سے اتار دیتا ہے ۔لوگوں کی نظریں نہ ہوئیں تھرما میٹر ہوگیا۔ یوں بھی جہنّم کے بعد نوٹوں کی گرمی مشہور ہے ۔

ہمارے ہاتھ نوٹ اور مزید نوٹوں کوخوش آمدید کہنے کے لیے ہمیشہ بےقرار رہتے ہیں ۔نوٹ کا آنا بقول غالبؔ جانے کی تمہید ہے ۔یہ چھوئی موئی کا پودا ہے ،ذرا سا چھوا اور سمٹ گیا۔دنیا کا کوئی شیشہ نوٹ سے زیادہ نازک نہیں ہاتھ لگااور چور چور ۔پھر بھی حیرت ہے لوگ اسے دانتوں سے پکڑنے کی سعی میں عمریں اور بتیسیاں گنوا بیٹھتے ہیں ۔۔

☆......○......☆

(ڈاکٹر) محمد اسد اللہ

قرض کی شان میں

قرض سے بھلا کون راہِ فرار حاصل کر سکتا ہے, ہماری زندگی ہی مانگے ہوئے چار دنوں سے عبارت ہے ۔ پائے فرار میسر ہو تب بھی جوتا قرض خواہ ہی کے چنگل میں ہوتا ہے۔ایک دن ہم نے اپنی تسلی کی خاطر مظاہرِ فطرت پر نظر ڈالی تو دیکھا، چاند، ستارے، ہوا، بادل سب قرض کی کچی ڈور میں بندھے کھسیانی ہنسی ہنس رہے ہیں ۔ چاند کہنے لگا، مت شرماؤ میاں ! قرض لے کر اس بے حسی کے دور میں اس قدر دل بر داشتہ ہونے کی ضرورت نہیں۔ مجھے دیکھو! میں سورج کا مقروض ہوں اور میرے ساتھی یہ ننھے منے ستارے بھی ۔ اسی لیے ہم سب اندھیرے میں چھپ چھپ کر نکلتے ہیں ۔سورج ایک سودخوار مہاجن ہے۔ اس کی آہٹ پاتے ہی ہم سب پلک جھپکتے ہی رات کے پردے میں چھپ جاتے ہیں ۔ہماری یہ آنکھ مچولی اور قرض کا چولی دامن کا ساتھ ہے۔

خدا نے انسان کو عمر کی مختصر سی پونجی دے کر کاروبارِ حیات کے لیے اس دنیا میں بھیجا، ساتھ ہی اس کی عمر کا وقفہ درمیان میں رکھ کر وصولی کے لیے تعاقب میں موت کا فرشتہ روانہ کیا۔ یہ وہی ملک الموت ہے جو زندگی میں بھی قرض خواہ کے روپ میں ہم سے بار بار ٹکراتا ہے۔اسے دیکھتے ہی ہماری روح فنا ہونے لگتی ہے تاہم اسے ہم ہر بار چکما دے جاتے ہیں۔ ان بار بار کی ملاقاتوں میں دونوں بڑے سخت جان ہو گئے ہیں ۔ دنیا کے تمام جائز و ناجائز رشتوں میں سانپ کے منہ میں چھچھوندر قسم کا تعلق سب سے اچھا، گہرا اور اٹوٹ ہوتا ہے، کچھ ایسی ہی کیفیت میاں بیوی کی ہے، یہی حال قرض خواہ اور مقروض کا ہے۔ مفلسی میں قرض لینا ایک ایمان افروز تجربہ ہے۔

قرض خواہ بلا سودی کیوں نہ ہو،گراں بار احسانات کے زیاں سے خالی نہیں ہوتا۔قرض لینے کے بعد جب لینے کے دینے پڑ جاتے ہیں ،تب آدمی اس گھڑی کو کوستا ہے جو کسی طرح لوٹ کر آنے والی نہیں ۔حالتِ قرض میں ہماری حالت ایسی ہوتی ہے گویا کسی نے ہمیں پیڑ پر الٹا لٹکا دیا ہو۔الٹا لٹکنے کے بعد پتہ چلتا ہے کہ دنیا اتنی سیدھی نہیں جتنی نظر آتی ہے ۔سارے مناظر ایک الگ زاویے سے دکھائی دینے لگتے ہیں ۔ نہ صرف اپنی بلکہ دوسروں کی صورتیں بھی ایسی دکھائی دینے لگتی ہیں جیسی ہولی کھیلنے کے بعد ہو جاتی ہیں۔

دراصل قرض بنا ہی طرفین کی پول کھولنے کے لیے ہے۔

آپ صاحبِ کشف ہو کر دنیا دیکھنا اور لوگوں کی فطرت سے باخبر ہونا چاہیں تو میرا مشورہ ہے اپنے دوستوں سے قرض لیجیے۔

ایسا خطرناک مشورہ آپ کو کوئی دشمن ہی دے سکتا ہے، اس لیے اتنے وقت کے لیے مجھے اپنے دوستوں کی فہرست سے خارج کر دیجیے ۔قرض کی وصولی میں قرض خواہ کو اکثر پیغمبروں کی سی مشکل پیش آتی ہے۔ ہوتا یہ ہے کہ مقروضوں کی امت کلمۂ قرض پر ایمان تو لاتی ہے مگر واپسی کے عملِ صالحہ والے مطالبے پر عمل پیرا نہیں ہوتی ۔زیادہ تنگ کیا جائے تو ارتداد کا خطرہ ہوتا ہے۔ایسا ہوا تو کہاں کا سود اور کہاں کا قرض، سب صدقہ خیرات ہو جاتا ہے۔

قرض سانس لینے کے عمل سے زیادہ نازک اور ناگزیر ہے، بلکہ ہر سانس اور سانسوں پر سوار گراں ، تلخ ،تند اور شیریں لمحات بذاتِ خود ادائیگیِ قرض کا ایک لامتناہی سلسلہ ہے ۔عام طور پر قرض نظر نہیں آتا۔نہ اپنے ہونے کا احساس گھڑی کی ٹک ٹک کی طرح ہر وقت گوش گزار کرواتا ہے ۔یہ ذہن کے طاق پر کسی بھولی ہوئی شے کی طرح رکھا رہتا ہے یا ندی میں غوطہ زن تیراک کی طرح اپنا وزن کم کر دیتا ہے۔ جونہی قرض دار ہمارے روبرو حاضر ہوتا ہے یہ پھولی ہوئی لاش کی طرح احساس کی سطح پر ابھر آتا ہے۔قرض اپنی موج و روانی میں ہمیں چھوتا ہے، جھنجھوڑتا ہے اور کبھی آندھی بن کر ہمارے ہوش و حواس کو تنکوں کی طرح بکھیر دیتا ہے۔

قرض ہماری پیدائش سے پہلے بھی موجود تھا۔ ہماری بے بسی پر مسکراتا بھی رہا ہوگا۔ ہم معرضِ وجود میں آئے تو وہ بھی ہمارے سائے کی طرح ہمارے کھاتے میں منتقل ہوگیا، چناچہ مرحومین کے قرض خواہ ہمارے پیچھے پڑے رہے۔ زندگی تو خیر دولت کی طرح آنی جانی ہے مگر قرض سے موت کے بعد بھی چھٹکارا نہیں۔ یہ میدان حشر میں بھی 'صاحب سلام میرا' کہہ کر آ دھمکے گا اور دامن پکڑ لے گا۔ حالانکہ وہاں ہمارا نہ دامن ہوگا نہ جیب۔ ستم ظریفی یہی ہے کہ قرض دینے والا ہم سے اسی وقت دست و گریباں ہوتا ہے جب ہم تہی دست ہوں اور ہماری جیب شیطان کا کارخانہ بنی ہو۔

بعض لوگ قرض سے پناہ مانگتے ہیں اور جنھیں یہ نعمت حاصل ہوجائے وہ قرض مانگنے والوں سے نجات کی دعا کرتے ہیں۔ یہ قوم ایک تیر سے دو شکار کرتی ہے۔ یہ لوگ نہ صرف آپ سے کچھ رقم مانگ کر لے جاتے ہیں بلکہ اسی وقت آپ کو کسی اور کا مقروض بنا جاتے ہیں، گویا جس مردے کے لیے قبر کھودی گئی تھی وہ زندہ ہوکر دفنانے والے کو قبر میں دھکیل کر بھاگ کھڑا ہو۔

ہمارا تعلق قرض مانگنے والے طبقے سے رہا ہے۔ کبھی اپنے طبقے کا کوئی آدمی خوش فہمی میں مبتلا ہوکر ہم سے بھی قرض مانگ بیٹھتا ہے تو ہمیں وہ اس بیمہ ایجنٹ کی طرح نظر آتا ہے جو کسی دوسرے بیمہ ایجنٹ کو پھانسنے کی کوشش کر رہا ہو۔ اس قسم کے لوگوں سے ہم ذرا لمبی چوڑی معذرت کر لیتے ہیں کہ جناب! ہم اپنی قمیص میں جیب نامی دردِ سر تو پالتے نہیں کیونکہ یہ اب ان ہی لوگوں کا شیوہ ہے جو دو چار بلڈاگ پال سکیں۔ ایک ہمارا سر ہے جس پر بہت تھوڑے بال بچے ہیں اور بقیہ بھی عن قریب اڑان بھرنے والے ہیں۔ قرض ہی ہمارا اوڑھنا بھی ہے اور بچھونا بھی۔ (بابا لحاف والے کے پانچ سو روپے دینا ہے) ہمارا اوڑھنا بچھونا چھوڑ کر اس متاعِ بے بہائے قرض سے تمہیں جو چاہیے لے جاؤ۔ صلائے عام ہے یارانِ نکتہ داں کے لیے۔

ایک مرتبہ ایک صاحب بہت سر ہوئے کہ کہیں سے قرض دلوادو۔ ہم نے جھنجھلا کر کہا کہ میاں گردن کے پیچھے سے ہاتھ ڈال کر ناک پکڑنے پر کیوں تلے ہوئے ہو۔ سامنے سے بے دھڑک کسی کی بھی ناک پکڑ لو سوائے ہمارے کہ آج کل قرض داروں نے ہماری ناک میں دم کر رکھا ہے مگر وہ نہ مانے تنگ آ کر ہم نے ارادہ کیا کہ اپنی ناک کے نیچے پڑی ہوئی اس اضافت یعنی اپنے آپ کو سرے سے غائب کر دیا جائے۔ ایسے برے وقت میں ایک قرض دار ہی دوسرے قرض دار کے کام آ سکتا ہے چنانچہ مرزا غالب سے مشورہ کیا۔ ادھر سے ارشاد ہوا۔ رہیے اب ایسی جگہ چل کر جہاں کوئی نہ ہو۔ یہ سنتے ہی ہم چپل پہن کر سیدھے مسجد پہنچے کہ یہاں سوال کرنا شرعاً منع ہے۔ قرض کی درخواست یا وصولی ہر دو صورتوں میں سوال کرنا ضروری ہے۔ حالانکہ اب یہاں بھی لوگوں نے نئے راستے نکال لیے ہیں۔ قرض کا تقاضا نہ کیا ذرا اونچی آواز میں سلام کر دیا۔ یا جسے ہمیشہ سلام کیا کرتے تھے اب سلام نہ کیا۔ اسی طرح مقروض کو جسے زندگی میں کبھی سلام نہ کیا اب آتے جاتے سلام کیے جا رہے ہیں۔ سلام قرض میں بڑا خطرناک ثابت ہوتا ہے۔ سیدھا کلیجے میں اتر جاتا ہے۔ بہر حال ہم نے مسجد پہنچ کر نماز کے بعد تمام عالم کے قرض داروں کے حق میں گڑ گڑا کر دعا کی اور ارادہ کیا کہ دن بھر یہیں اعتکاف میں بیٹھے رہیں گے۔ ناگہاں ایک شخص نے کاندھے پر ہاتھ رکھا اور داڑھی میں انگلیاں پھیر کر ایک آیت پڑھ دی جس کا ترجمہ یہ ہے۔ اللہ تعالیٰ کو قرضِ حسنہ دو۔ اس کے بعد ہم چپل اور ٹوپی سنبھال کر الٹے پاؤں غالبؔ کی تلاش میں نکل پڑے یہ پوچھنے کے لیے کہ ایسی جگہ بتا کہ جہاں پر خدا نہیں۔

قرضِ حسنہ کی تعریف کسی سے یہ سنی کہ ایسا قرض جس کی واپسی کے مطالبے پر قرض دار زور سے ہنس دے۔ قرض ہنسنا (قرضِ حسنہ) کہلاتا ہے۔ یہ بھی خوب رہی قرض مانگتے وقت آدمی ہر طرح کا رونا روئے اور واپسی کا مطالبہ ہو تو ہنس دے۔ لوگ کہتے ہیں کہ وہ کام اچھا جس کا انجام اچھا، اس قرض کا انجام بھی ہنسی خوشی ہوتا ہے اسی لیے ہمیں بھی قرض کی یہ قسم دیگر تمام اقسام میں پسند ہے بشرط یہ کہ کوئی دے ہمیں قرض! یعنی ہنسنے کا موقع، حالانکہ یہ ایک مشکل کام ہے اسی لیے دنیا میں ہنسنے کے مواقع کم ہیں۔

☆

(ڈاکٹر) محمد اسد اللہ

گاؤں کے راستے

دنیا میں راستوں کا کال نہیں ۔پائے گدا لنگ ہو تب بھی ہاتھ سے کچھ نہیں گیا ۔لنگڑے فقیر کو بھیک کچھ زیادہ ہی ملے گی ،جس کی بدولت وہ موٹر ،ٹرین بلکہ ہوائی جہاز سے بھی سفر کر سکتا ہے ۔راستے گاؤں کے ہوں کہ شہروں کے ان سے راہِ فرار ممکن نہیں ۔یہ پل صراط تک ہماری جان کو لگے ہوئے ہیں ۔آدمی قیامت کا انتظار کب تک کرے ، اس نے اسی دنیا میں جنت دوزخ بنانے کی اپنی سی کوشش کر ڈالی اسی طرح پل صراط یعنی شہر کے راستے بنا لیے۔

شہر میں شاہراہوں سے سلامت گزرنا بھی ایک مسئلہ ہے ۔حکومت اس کے لیے راستے بچھاتی ہے ،قوانین بناتی ہے ؛انھیں چلاتی ہے۔ ۔اکثر دیہاتوں میں ریل نہیں جاتی اسی لیے یہ قوانین شہر ہی میں رہ جاتے ہیں۔

گاؤں کے راستے راستہ کم اور باغیچہ زیادہ ہوا کرتے ہیں ۔حسنِ بے پروا کو اپنی بے نقابی کے لیے یہی جگہ پسند آئی ۔اسی لیے ان راستوں پر پایا جانے والا جاندار فطرت سے دو چار ہاتھ زیادہ بے پروا ہوتا ہے ۔شہرو ں میں مختلف لہریں چلتی ہیں اور گاؤں کے راستوں پر لوگ لہرا کر چلتے ہیں ۔دیہی راستوں کی وضعداری اور رفتار کا پاس دو پایوں سے زیادہ چوپایوں کو ہوا کرتا ہے ۔آپ اپنی بائیک پر سوار ان کے پاس سے گزرنا چاہیں تو ایک بھینس ان کی نمائندہ بن کر شانِ بے نیازی کے ساتھ راستہ گیر پیمانے پر پھیل کر کھڑی ہو جائے گی اور آپ اس بھینس کے آگے ہارن بجاتے رہ جائیں گے۔

بارہا یہ ہوا کہ آپ جلدی میں کسی راستے سے گزرنا چاہتے تھے اور ایک بیل گاڑی کسی نہ کسی موڑ پر خرام ناز سے آپ کے سامنے آ کھڑی ہوئی ۔گاڑی کو دیکھ کر محسوس ہوتا ہے کہ یقیناً ہڑپا یا موہن جداڑو کی کھدائی میں برآمد ہوئی ہے ،گاڑی بان کو دیکھا تو نظر پتھروں کے زمانے سے ہوتی ہوئی گھوم پھر کر ڈارون کی تھیوری پر جا کر ٹک گئی ۔

کبھی آپ نے گاڑی کی شوخیِ رفتار کو دیکھ کر موصوف سے پوچھ لیا کہ 'یہ گاڑی چل رہی ہے کہ رکی ہوئی ہے؟ تو وہ زوردار آواز میں 'ہٹو' کہہ کر اور بیل کو آپ کا قائم مقام سمجھ کر ،اس کی پیٹھ پر ایک چابک رسید کرتا ہے جو سیدھا تو اسی کی پیٹھ پر پڑتا ہے مگر الٹا آپ کو اپنی پیٹھ پر پڑتا ہوا محسوس ہوتا ہے ۔ہمیں اس گاڑی کی رہنمائی میں چلتے ہوئے اکثر یہ محسوس ہوا کہ نہ صرف ہم بلکہ ساری دنیا بیلوں کے پیچھے چلنے پر مجبور ہے ۔آپ گاڑی کو پھلانگ کر آگے بڑھنے کی کوشش کرتے ہیں تو گاڑی بان جو اس عجوبہ روزگار میں جتے ہوئے جانداروں میں بزرگ ترین شخصیت ہونے کے سبب بلند مقام پر براجمان ہوتا ہے ، پوری قوت سے بیل کی دم مروڑ کر ، ہر بار آپ کی اس امید پر پانی پھیر دیتا ہے کہ دنیا کو کبھی نہ کبھی تو بیلوں کے اتباع سے نجات ملے گی ۔

گاوں کے راستوں پر سواریوں کا حشر برپا نہیں ہوتا اور ہو بھی تو رقص کرتے ہوئے راہ گیروں کی موجودگی میں اسپیڈ بریکر کی ضرورت محسوس نہیں ہوتی تاہم گاؤں کے وفا شعار کتے جنھیں اول تو آپ کا آنا ہی ایک آنکھ نہیں بھاتا ،داخلے کے وقت بھونک بھونک کر ناکہ بندی کی امکان بھر کوشش کر لیتے ہیں ۔اس کے باوجود آپ بے شرمی اوڑھ کر بستی میں داخل ہو گئے تو ان کے برادرانِ حقیقی چپہ چپہ پر راستوں کے درمیان اپنی ٹیڑھی دموں کو حتیٰ الوسع اسپیڈ بریکر کی شکل میں پھیلا کر دنیا و مافیہا سے بے خبر سوتے رہتے ہیں ۔

اب ان بستیوں میں یہ منظر عام ہے کہ راستے کے عین

درمیان ایک کتا کسی زوال آمادہ قوم کی طرح بے خبر سو رہا ہے ،البتہ اس کی اس گراں خوابی کی تہہ میں چند دفاعی پرزے سرحد پر تعینات فوجوں کی طرح الرٹ رہتے ہیں ۔آپ نے اپنی موٹر سائیکل پر بیٹھے بیٹھے جی کڑا کر کے ایکسلیٹر پیڑ دبایا اور اپنے اندر چنگیز خانی جذبات پیدا کرنے کی کوشش کرتے ہوئے اس سدراہ دم کوادھیڑ کر رکھ دینے کا ارادہ کیا۔ تب بھی اس اولوالعزم کتے کی منحنی سی دم آخر دم تک میدانِ کارزار میں جوان مردی کے ساتھ ڈٹی رہے گی ۔چنانچہ حملہ اس کی دم پر ہوگا اور بجائے اس کے کہ وہ نیند سے چونک کرصورتِ حال کا جائزہ لے ،اچانک اٹھ کر بے دھڑک آپ پر حملہ کر دے گا یا شریف زادہ ہوا تو احتجاج کا جمہوری طریقہ اپنائے گا۔

گاؤں کی ترقی راستوں سے شروع ہوتی ہے اوراکثر حادثات کی شکل میں رونما ہوتی ہے۔ ان کی روک تھام کا انتظام بھی کیا جاتا ہے ۔اس مقصد کے لیے بلدیہ جا بجا اسپیڈ بریکر بناتی ہے اور ایامِ رفتہ خندقیں ،ٹیلے اور پہاڑ اگاتے ہیں ۔ اس کے باوجود حادثات کو کون روک سکتا ہے ۔ان حادثات میں اکثر پیادے تو بال بال بچ جاتے ہیں مات ان سواری نشین شاہوں کی ہوتی ہے جوخواہ کتنے ہی بے قصور کیوں نہ ہوں، شہ سواری کے جرم میں پکڑ کر پیٹے جاتے ہیں ۔اکثر لوگ انھیں اس قابل نہیں رہنے دیتے کہ پیدل یا سواری پر بیٹھ کر گھر جاسکیں ان کے لیے امبولنس منگوانی پڑتی ہے۔

اس کا ایک سبب تو یہ ہے کہ بعض پا پیادہ جوعقل سے بھی پیدل ہوتے ہیں سواریوں کو نیچا دکھانے کی کوشش کرتے ہیں ۔ خودکو راستہ کا پورا حق دار اور سواریوں کو طفیلی خیال کر کے ان کا مقابلہ کرتے ہیں۔ (یہی کام اسی نیک جذبہ کے تحت ، بائیک ،کار یا سائیکل نشین بھی پورے خلوص سے انجام دیتے ہیں) لوگ شانِ بے نیازی سے راستہ کے درمیان چلتے ہیں ۔ہٹو بچو، 'چیخ چیخ ' اور پیں پاں جیسی ہارن کی حقیر آوازیں ان کی توجہ منعطف کروانے میں ناکام رہتی ہیں ۔سواریاں آخر سواریاں ہیں ۔اب میدان میں صرف شہہ سوار ہی نہیں گرتے ، پیدل بھی منہ کی کھاتے ہیں پھر صفحۂ ہستی سے حرفِ غلط کی طرح مٹ نہ گئے تو خفت مٹانے کے لیے موٹر سواروں کا حلیہ بگاڑ کر رکھ دیتے ہیں ۔اس قسم کے حادثات میں راہ چلتے لوگوں کی بن آتی ہے ۔اپنے وجود کی گہرائیوں تک باغ باغ ہو جاتے ہیں اور موقع مل جائے تو بہتی گنگا میں ہاتھ بھی دھو لیتے ہیں ۔وہ تماش بین جن کا تعلق سواروں کے طبقہ سے ہے اس منظر کو دیکھ کر چراغ پا ہو جاتے ہیں اور کسی دن اسی انتقام کی دھن میں راستہ چلتے کسی آدمی کو کچل دیتے ہیں۔ اپنے کیے کی سزا بھی پاتے ہیں اور خوش بھی ہوتے ہیں کہ مقابلہ تو دلِ ناتواں نے خوب کیا۔

گاؤں کے راستے عام طور پر سیدھے سادے اور لا ابالی ہوا کرتے ہیں ۔ یہ خود رو اور اپنائیت ومحبت سے لبریز ہوتے ہیں۔ پتہ نہیں یہ صفات گاؤں والوں نے ان راستوں پر چل کر اخذ کی ہے یا ان کے تلووں سے نتھر کر راستوں میں در آئیں ۔ آپ ان پر قدم رکھئے تو گرد وغبار کی بکل باہیں آپ کو لپٹالیں گی۔ بارش میں یہی راستے کیچڑ اچھال اچھال کر اپنائیت کا مظاہرہ کریں گے ۔ ہمارے پیروں کو گیلی مٹی کے آبنوسی ہونٹوں سے چوم کر قدموں کے نشانات حسین یادوں کی طرح اپنے سینے میں اتارلیں گے ۔اس کے برعکس تارکول کی سڑکوں پر میلوں چل کر اتر جائیے یوں محسوس ہوگا گویا بھیڑ بھرے راستے میں کوئی مصافحہ کر کے بھول گیا۔

تارکول کی سڑکیں اب شہروں سے نکل کر گاؤں کا رخ کرنے لگی ہیں ۔گاؤں کے کچے راستوں کا مستقبل خطرہ میں ہے ۔ گاؤں کے کتے شاید اسی احساس کے تحت ہر نوارد کو دیکھ کر بھونکتے ہیں ۔گاؤں کے راستے ان خودرو پودوں کی طرح ہیں جنھیں وہاں 'بے شرم پودے' کہا جاتا ہے ۔آپ چلنے کو تیار ہوں تو یہ راستے کہیں سے بھی آداب عرض ہے کہہ کرنکل آتے ہیں ۔دو چار قدم چل کر پیچھے مڑ کر دیکھیے انھیں کسی ضدی فقیر کی طرح اپنے پیچھے پائیے گا۔

☆......○......☆

(ڈاکٹر) محمد اسد اللہ

مہمانوں کا سیلاب

مہمان نوازی کی روایت بہت پرانی ہے۔ مہمان صدیوں کے اس سفر میں بننے اور بگڑنے کے کئی مراحل سے گزر چکا ہے۔ اس دوران اس نے میزبان کو سبق سکھایا ہو نہ ہو اس سے نمٹنے کا گر ضرور سیکھ لیا ہے۔ اب مہمان یہ اچھی طرح جانتا ہے کہ کب کس میزبان کو فون پر اطلاع دے کر اسے اس کے گھر میں پا بہ زنجیر کرنا ضروری ہے اور کہاں اچانک بارش کی طرح جا دھمکنا چاہیے کہ میزبان کو نہ بھاگنے کی مہلت ملے نہ رستہ۔

بعض لوگ گھر میں قدم رکھتے ہی یہ پتہ لگا لیتے ہیں کہ گھر میں کس قسم کا نظامِ حکومت رائج ہے۔ شوہر کے جہانِ دل پر بیگم کی حکومت ہو تو چائے اور کھانوں کی لگاتار تعریف میزبان کے دل اور گھر دونوں میں جگہ بنانے کے لیے کافی ہے۔ گھر میں میاں کا سکہ چلتا ہو تو اس کے بچوں یا کتوں (جو بھی زیادہ عزیز ہو) کو سراہنا گھر میں ٹکے رہنے کے لیے ضروری ہے۔ مہمان بارش کے قطرہ کی طرح تنہا نہیں آتا۔ بھلا بارش اپنے قطروں کو کسی اور مقام پر چھوڑ کر کیسے آسکتی ہے۔ مہمان جب آتا ہے تو میزبان مرزا غالبؔ کی زبان میں کاتبِ تقدیر سے ایک چھوٹا سا سوال پوچھتا رہ جاتا ہے۔

کس کے گھر جائے گا سیلاب بلا میرے بعد

گرمیوں کی تعطیلات میں پانی کی قلت اور شادیوں کی کثرت عام ہے۔ ہمارے علاقے میں شادی کے دعوت ناموں پر یہ شعر بھی لکھا جاتا ہے۔

اے بادِ صبا کچھ تو نے سنا مہمان جو آنے والے ہیں
کلیاں نہ بچھانا راہوں میں ہم پلکیں بچھانے والے ہیں

بس اس شعر کو پڑھ کو مہمانوں کا سیلاب اُمڈ پڑتا ہے۔ عزیز و اقارب کو شادی میں مدعو کرنا میزبان کی مجبوری ہے کہ اسی رسمِ دنیا کو عزت سپلائی کرنے کا ٹھیکا سماج کی جانب سے ودیعت ہوا ہے۔ وہ غریب دل ہی دل میں ڈرتا ہے کہ تمام مہمانوں کو دعوت دی گئی اور سب شریک ہو گئے تو مہمانوں کا یہ سیلاب دیکھ کر اس کی آنکھیں مارے حیرت کے کتنی ہی کیوں نہ پھیل جائیں، پلکیں اس قدر ہرگز وسیع نہیں ہوسکتیں کہ ان پر تمام لوگ سما سکیں۔

بعض میزبان اس صورتِ حال کو ٹالنے کے لیے دعوت نامے اس خوبصورتی سے پوسٹ کرتے ہیں کہ نکاح مارچ میں ہے تو دعوت نامہ ایک اپریل کو مہمان کے ہاتھ لگے تاکہ مہمان بن کر میزبان کے سینے پر مونگ دلنے کی خواہش کے باوجود مہمان اس قابل نہیں رہ پاتا کہ وہاں پہنچ سکے۔ اس صورت میں رقعے پر درج شعر کا مقصد مہمانوں کو مدعو کرنا نہیں بلکہ بادِ صبا کو اطلاع دینا ہے کہ اے بادِ صبا ! ہم نے مہمانوں کا معقول بندوبست کر دیا ہے تم خواہ مخواہ راہوں میں کلیاں بچھانے کی زحمت کیوں کرو؟

مہمان سیلاب کی طرح آتے ہیں یا نہیں اس میں دو رائیں ہو سکتی ہیں لیکن اس سے کون انکار کرے گا کہ سیلاب مہمان کی طرح آتا ہے اور شرعی مہمان یا معمولی بخار کی طرح تین دنوں میں اتر بھی جاتا ہے البتہ وثوق سے نہیں کہا جاسکتا کہ مہمانوں کی طرح آنے والا سیلاب زیادہ تباہی پھیلاتا ہے یا سیلاب کی طرح آنے والے مہمان۔

ہم اپنی روح کی گہرائیوں میں جھانک کر دیکھیں تو محسوس کریں گے کہ مہمانوں کی خاطر مدارات سے ہمیں ہزار دقتوں کے باوجود ایک عجیب سی روحانی خوشی ضرور ہوتی ہے۔ مہمانوں کے قدر داں نکاح کے رقعوں پر مذکورہ شعر لکھوائے بغیر بھی مہمانوں کی راہ میں پلکیں بچھائے رہتے ہیں۔ مہمان شکم سیر ہو جائے تو میزبان کی روح سیراب ہو جاتی ہے۔ البتہ ان دنوں یہ ہونے لگا ہے کہ مہمان کے رخصت ہوتے وقت میزبان کے ہونٹوں پر سہما سہما سا ایک جملہ لڑکھڑاتا ہے۔ شام کا کھانا کھا کر جاتے تو اچھا تھا۔ اندر ہی اندر دل

لرزتا رہتا ہے کہ اس کی یہ رسمی پیش کش شرفِ قبولیت سے نوازدی گئی تو یہ بلا ایک دن اور قہر برپا کرے گی۔اسی لیے وہ مہمان کے انکار کرتے ہی اسے گلے لگا کر خدا حافظ کہتا ہے اور سکھ کا سانس لیتا ہے یا پھولتی ہوئی سانس درست کرتا ہے۔

کیا مادی ترقی کے اس عہدِ زرین میں بھی روح کا وجود باقی ہے۔جی ہاں! روحانیت اب بھی زندہ ہے اور ثبوت اس کا یہ ہے کہ اپنے گھر کی دہلیز پر مہمانوں کا اُمڈتا ہوا سیلاب دیکھ کر جو چیز ہمارے اندر فنا ہونے لگتی ہے وہ ہماری روح ہی ہے۔

سنا ہے مادّہ فنا ہو جاتا ہے اور روح باقی رہ جاتی ہے، سو یہ بھی سچ ہے۔روح کے بقا اور جہد للبقا کے مناظر ہمیں مہمانوں کی آمد کے بعد نظر آتے ہیں۔ایثار، قربانی، (جو کبھی جھٹکے کی شکل بھی اختیار کر لیتی ہے) صبر وتحمل اور اخلاقی قدروں کو مہمانوں کی آمد کے بعد ہی فروغ حاصل ہوتا ہے۔مثلاً کسی دن آپ کے مہمان کا لائق فرزند جب دبئی سے آپ کے کسی عزیز کے بھجوائے ہوئے ٹی سیٹ کو لے کر ’جیک اینڈ جل، وینٹ اپ دی دہل‘ کہہ کر سیڑھیوں پر چڑھتا جاتا ہے تو آپ کا دل دہل جاتا ہے اور آپ جل تو جلال تو کا ورد کرنے لگتے ہیں، پھر اچانک اس ٹی سیٹ کو فرش پر پوری قوت سے دے مارتا ہے، تب اسے خبر ہی نہیں ہوتی کہ وہ ٹی سیٹ نہیں آپ کا پیمانہ صبر ہے جو چھلکنے سے پہلے ہی چور چور ہو گیا۔آپ اپنے چہرہ سے تلخی کو رفع دفع کرنے کی ناکام سی کوشش کر کے اس پر کھسیانی ہنسی کا ملمع چڑھاتے ہیں اور یہ کہہ کر رہ جاتے ہیں، کوئی بات نہیں بچہ ہی تو ہے۔اور بچے کے والدین آپ کی زبان سے نکلی ہوئی اس ابدی سچائی کو صدقِ دل سے قبول کر لیتے ہیں۔

سیلاب کے آنے کا دن اور تاریخ بھلے ہی مقرر نہ ہو، موسم تو متعین ہے۔مہمان اس قید سے آزاد ہے۔جس مخلوق کے آنے کا وقت مقرر نہ ہو اس کے جانے کا دن کون طے کر سکتا ہے۔یہی وجہ ہے کہ اب میزبان اپنے مہمانوں کا استقبال پھول جیسے ان دو سوالوں سے کرتے ہیں۔(ان دونوں سوالوں کے درمیان سانس لینے کا وقفہ تو قطعی نہیں ہوتا)

سوال نمبر ایک : آیئے آیئے ! کب تشریف لائے آپ؟

میزبان اپنی آنکھوں سے دیکھ رہا ہوتا ہے کہ وہ غریب ابھی ابھی ٹیکسی سے اتر کر اپنے حواس درست کر رہا ہے۔(یہ سوال شاید اس لیے کیا جاتا ہے کہ میزبان کو اپنی آنکھوں پر یقین نہیں آتا کہ اتنی بڑی مصیبت اس کے گھر وارد ہو چکی ہے)

دوسرا سوال : کب تک قیام رہے گا؟

پہلے سوال کا جواب تو اس کے روبرو ہوتا ہے لیکن جس طرح طلسمی کہانیوں والے جادوگر کی روح طوطے کے جسم میں چھپی ہوتی ہے، میزبان اس سوال میں پھنسا رہتا ہے۔یہ سوال لازمی ہوتا ہے تاہم مہمان کچھ اس قسم کا گول مول قسم کا جواب دے کر اپنا راستہ اور میزبان کی طبیعت صاف کرتا ہے :

جنابِ عالی! جب تک ہمارا دانہ پانی اس گھر میں ہے، ہم یہیں رہیں گے بلکہ آپ بھگانا بھی چاہیں تب بھی نہ جائیں گے۔سمجھے؟

ایسا شاندار جواب پا کر میزبان کے ہاتھوں کے طوطے اڑ جاتے ہیں۔یہ اس لحاظ سے اچھا ہے کہ اس سے کفِ افسوس ملنے میں آسانی ہوتی ہے۔رہی بات دانے پانی کی تو اب ہمارے زمانے میں دانے اور پانی میں وغیرہ وغیرہ کی خاصی لمبی دم لگی ہوئی ہے۔عام آدمی اس دم کو جتنا سیدھا کرنا چاہتا ہے یہ اتنی ہی ٹیڑھی ہوتی جاتی ہے۔بن بلایا مہمان بے چارہ اس بات سے بے خبر ہوتا ہے کہ وہ کب اپنے دانے پانی کی سرحد پھلانگ کر صاحبِ خانہ کی مملکت میں بلا پاسپورٹ داخل ہو گیا ہے۔

اس دنیا میں انسان بذاتِ خود ایک بن بلایا مہمان ہے اور وہ بھی اس بات پر اڑا ہوا ہے کہ جب تک اس کا دانہ پانی اس دنیا میں موجود ہے وہ یہاں سے ٹلنے والا نہیں، خواہ اسے دھکے مار کر ہی کیوں نہ نکالا جائے۔چنانچہ اب آدمی تلاشِ روزگار میں لوکل ٹرین اور سٹی بس کے دھکے کھاتا ہے اور بے تکان جیتا ہے۔آج کل دانے دانے ہی پر نہیں بس اور ٹرین کے دھکّوں پر بھی ہمارا نام لکھا ہوا ہے۔۔

☆......○......☆

(ڈاکٹر) محمد اسداللہ

کان

کان انسانی جسم کا مظلوم ترین عضو ہے ۔تمام اعمال و افعال کے ڈرامے میں یہ ایک گونگا کردار ہے ۔عالم تقریر میں معنی و مدعا عنقا ہو یا موجود ،دامِ شنیدن بچھائے رکھنا اس کے فرائضِ منصبی میں شامل ہے ۔یہ ہاتھی ، گدھا یا بیل جیسے کسی جانور کے جانور کے جسم پر واقع ہو تو سننے کے بعد مکھیاں بھگانے کے بھی کام آتا ہے ۔عام لوگوں کے نزدیک اس کا مصرف ''سننے'' کے علاوہ بعض اوقات ''نہیں سننا'' بھی ہے ۔ اہلِ عقل جو باتوں میں موٹے اور باریک کے فرق کو سمجھتے ہیں، کانوں پر چھلنیاں لگا کر سنتے ہیں اور دونوں کانوں کو الگ الگ مقاصد کے لیے استعمال کرتے ہیں۔ ایک بطور داخلہ اور دوسرا بطور فتن کہ لامحالہ کوئی بات ، مشورہ، تنبیہ یا حکم بن کر کسی کے منہ سے نکل ہی گئی ہے تو ایک کان سے داخل ہو کر دوسرے کان سے بخیر و عافیت باہر نکل جائے ۔

بعض لوگ ادائیگی سے پہلے اپنے الفاظ کو تھوڑا ٹیڑھا کر دیتے ہیں چنانچہ وہ الفاظ صراطِ مستقیم پر چل کر نجات پانے اور مغفور و مرحوم کہلانے کے بجائے، ترچھے ہو کر سیدھے سننے والے کے کلیجے میں اتر جاتے ہیں جس سے اکثر تن بدن میں آتش زنی کے واقعات رونما ہو جاتے ہیں ۔ایک کان سے سن کر دوسرے کان سے نکال دینے کا رواج صرف باتوں کے لیے ہے ۔کوئی شریر قسم کا مچھر مکھی یا پتنگا ،دادا گری دکھا کر کان میں داخل ہونے کی کوشش کرے تو دھکے مار کر، اسے اسی کان سے باہر نکالا جاتا ہے ،یہ سمجھانے کے لیے کہ یہ سونے کی کان نہیں ہے ۔ یوں بھی اس سے کوئی فائدہ نہیں ہوتا بلکہ امنِ عامہ کو خطرہ ہوتا ہے ۔اس کے برعکس کان میں داخل ہونے والی کوئی چیز ،خواہ وہ ہاتھی یا گھوڑا ہی کیوں نہ ہو اگر مفید اور کار آمد ہو تو آدمی اپنے ہم نشیں کو اس کی ہوا تک نہیں لگنے دیتا۔

بچپن میں ہمارے مولوی صاحب کے نزدیک ہمارے کان کا واحد مصرف یہ تھا کہ وہ اسے ہماری ہر غلطی پر پوری قوت سے مروڑ دیا کرتے تھے ۔اس زمانے میں جب ہم نے پہلی مرتبہ ہاتھی دیکھا تو بہت خوش ہوئے کہ یہ جتنا بڑا جانور ہے اتنی ہی عظیم الشان غلطیاں بھی کرتا ہے ،تبھی تو اس کے استاد نے اس کے کان کھینچ کھینچ کر سپڑا کر دیے ہیں ۔ لمبے کان دیکھ کر مجھے عجیب سی خوشی ہوتی ہے اس خیال سے کہ کان بردار اپنے کان کی وسعت کے مطابق غلطیاں کر چکا ہے ۔فرشتوں کے متعلق میری امیج یہی ہے کہ ان کے کان نہیں ہوتے ۔ممکن ہے یہ بات غلط ہو مگر دنیاوی فرشتوں پر صادق آتی ہے کیوں کہ انڈے دینے والی جملہ مخلوقات کے کان جسم کے اندر ہوتے ہیں اور جو شخص انڈے دیتا ہو ،خاص طور پر سونے کے انڈے(جو اکثر بسکٹ کی شکل میں پائے جاتے ہیں)،تو ایسی شخصیت کو ہمارے ہاں فرشتہ ہی سمجھا جاتا ہے۔

بعض لوگ کانوں سے اونچا سنتے ہیں ،بعض نیچا طبقاتی جنگ شاید یہیں سے شروع ہوتی ہے ۔ ایک یرغمال کو ڈاکوؤں نے دھمکی دی کہ ہم تمہارے کان کاٹ لیں گے تو چیخ پڑا کہ ایسا نہ کرنا میں اندھا ہو جاؤں گا ۔ڈاکو نے اسے ڈانٹا بے وقوف ، کان کاٹنے سے کوئی اندھا ہوتا ہے؟ تو اس شخص نے کہا۔'' کان کٹ جائیں گے تو میں عینک کس طرح لگاؤں گا؟'' ثابت ہوا کہ کان عینک کی کمانی کے لیے جائے سکونت ہیں ۔بعض لوگ عینک

استعمال نہ کرنے کے باوجود بھی کانوں سے دیکھتے ہیں۔ بلکہ انھیں آنکھوں سے نظر آ جائے تو وہ اس نظارے پر اس وقت تک یقین نہیں کرتے جب تک کوئی ان کے کانوں میں پھونک نہ مار دے۔نظر بندی اور پھونک مارنے کا کام ان دنوں ہمارا سوشل میڈیا بخوبی انجام دے رہا ہے۔اسی لیے لوگ موبائیل کو کانوں سے لگائے رکھتے ہیں۔

کان ایک کثیر المقاصد شے ہے، اسے ہینگر کے طور پر بھی استعمال کیا جاتا ہے۔عورتیں اس پر جھمکے، بالیاں اور ان دنوں ایر فون ٹانگتی ہیں۔مرد کسی زمانے میں ٹرانزسٹر لٹکاتے تھے، اب ان کی جگہ موبائیل نے لے لی ہے۔کسی زمانے میں کان قلم رکھنے کے کام آتے تھے۔مرزا غالب بھی ایسے ہی ایک خامہ بگوش تھے۔ بقول خود

ہوئی صبح اور گھر سے کان پر رکھ کر قلم نکلے

اس امید پر کہ شاید کوئی ان سے خط لکھوائے ۔ہمارے زمانے میں خط اور قلم کا استعمال موقوف ہو گیا ہے۔لیپ ٹاپ پر تھرکتی ہوئی انگلیوں نے قلم کو دست بردار کر دیا ہے۔کبھی کبھار اسے دستخط کے لیے زحمت دی جاتی ہے تاکہ کوئی آپ کو انگوٹھا چھاپ نہ سمجھے۔ہمارے دوست مرزا صاحب کو اپنی بیوی سے یہ شکایت ہے کہ وہ اپنے کانوں کو شاپنگ بیگ کے طور پر استعمال کرتی ہے۔دن بھر میں دو گھڑی فرصت ملے تو پڑوس میں نکل کر ڈھیر ساری باتوں کی شاپنگ کر آتی ہے۔ ظاہر ہے اس شاپنگ کے اچھے یا برے اثرات مرزا صاحب کی جیب کے بجائے ان کے دماغ پر پڑتے ہیں کیونکہ اگلے دن اس بیگ کو شاپنگ کے لیے کہیں نہ کہیں تو خالی ہونا ہی ہے۔اس طرح کان کی شخصیت کا ایک انوکھا گوشہ بے نقاب ہوتا ہے اور کان عوامی کوڑے دان کی صورت میں ہمارے سامنے آتا ہے۔

انواع و اقسام کے کانوں میں گدھے کے طویل کان بھی ہیں۔خرگوش اسی لیے خرگوش کہلاتا ہے کہ اس کے کان بھی گدھے کی طرح ضرورت سے کچھ زیادہ لانبے ہیں۔(خر بمعنی گدھا اور گوش یعنی کان) حالانکہ کانوں کے علاوہ گدھے پن کی کوئی علامت اس خوبصورت جانور میں موجود نہیں ہے۔گدھے کی مظلومیت کی داستان تو اس کے کانوں سے بہت زیادہ طویل ہے۔اس کے باوجود مجھے انسانوں کے کانوں پر رحم آتا ہے،اس لیے کہ وہ بھی باتوں کی بار برداری کے ناخوشگوار فرائض گدھے کی طرح خاموشی سے انجام دیتے ہیں۔لوگوں کی وہ تمام الٹی سیدھی باتیں جن میں سر اور پیر کے علاوہ سب کچھ موجود ہوتا ہے، زبان کے چونچلے، عینک کی کمانی، آلۂ سماعت، غالب کا قلم، عورتوں کے بالے وغیرہ کی بار برداری کے علاوہ جھگڑتی ہوئی بیویوں اور کڑکڑاتی ہوئی سردیوں کا نزلہ سب سے پہلے کانوں پر ہی گرتا ہے جو بالآخر لوؤں تک سرخ ہو جاتے ہیں۔

کان کو زبانِ حال کے علاوہ کوئی زبان میسر نہیں ہوتی۔اس زبان کے تو مترجم بھی نہیں ملتے کہ ترسیل کا مرحلہ طے ہو سکے۔ بہر حال کان دے اور دل ان کو جو نہ دے مجھ کو زبان اور کہہ کر چپکا ہو رہتا ہے۔کان اپنے دفاع میں بے دست و پا ہے،اس لئے کہ یہ انتہائی بے ضرر قسم کا عضو ہے بے ضرر لوگوں پر دنیا ظلم و ستم کی راہ میں کوئی دقیقہ فروگذاشت نہیں چھوڑتی ۔گدھے کو زیادہ تنگ کیا جائے تو وہ بھی اپنے پیروکار کو پلٹ کر دیکھنے کی زحمت گوارا کیے بغیر دولتی جھاڑ کر خبردار کر دیتا ہے کہ، اچھے بھلے انسان ہو کر میرے نقشِ قدم پر چلتے ہو!

کاش ! خدا نے گدھے ہی کی طرح ہمارے کانوں کو بھی دولتیاں عطا کی ہوتیں جنھیں وہ بولنے اور مسلسل بولنے والی مشینوں کے خلاف استعمال کر سکتے۔۔

☆......○......☆

(ڈاکٹر) محمد اسد اللہ

آہ مولانا!

(مولانا ابوالکلام آزاد کی روح سے معذرت کے ساتھ)

گزشتہ دنوں حکومت کو اچانک خیال آیا کہ مولانا ابوالکلام آزاد کے یوم پیدائش کو یوم تعلیم کے طور پر منایا جائے۔مولانا آزاد پر سرکار کی نظر پڑنے کی دیر تھی ،تعلیمی اداروں میں دھوم مچ گئی۔ سب نے محسوس کیا کہ واقعی مولانا ہمارے ملک کی عظیم شخصیات میں سے ایک تھے۔ ہمارے نظامِ تعلیم کی ایک قابلِ ذکر خوبی یہ بھی ہے کہ اس میں بے شمار چیزیں اچانک وارد ہوتی ہیں اوراسی سرعت سے چلی بھی جاتی ہیں۔

یہ حکم یقیناً لائق مبارکباد تھا،اس لیے کہ ایک فارسی مقولہ کی رو سے دیر سے آنے والے درست ہوا کرتے ہیں۔(دیر آید درست آید) ذرا غور کیجیے! اس مقولے نے،ہمیں کس قدر سہولتیں فراہم کی ہیں۔اسی کے سبب ہماری تمام تقریبات تاخیر سے شروع ہوتی ہیں۔صدرِ جلسہ بغیر کوئی کارنامہ انجام دیے اپنے آپ کو درست ثابت کرنے کے لیے جلسہ گاہ میں تاخیر سے پہنچتے ہیں۔ ملک کی آزادی،سماجی تبدیلیاں اور دیگر انقلابات بھی ہمارے ملک میں اسی لیے ذرا تاخیر سے آئے کہ اس مقولے کا مطلب بہت جلد ان کی سمجھ میں آ گیا تھا،البتہ بیرونی ممالک میں آنے والے انقلابات فارسی زبان سے نابلد رہے اسی لیے وقت پر پہنچنے کی غلطی کر بیٹھے۔بہر حال آمدم برسرِ مطلب ،مولانا آزاد کو یوں بھی ہمیں یاد کرنا تھا کہ وہ آزاد ہندوستان کے پہلے وزیرِ تعلیم تھے۔مولانا ابوالکلام آزاد کی شخصیت محتاجِ تعارف نہ سہی مگر ہمارے طلبا اس تعارف کے واقعی محتاج ہیں، بلکہ غربا و مساکین میں شمار کیے جاسکتے ہیں۔مولانا کو متعارف کروانا اس لیے بھی ضروری تھا کہ مولانا کی رحلت کو ایک زمانہ ہوگیا اور وہ زمانہ جو انھیں ان کے کارناموں کے حوالے سے جانتا تھا اب بدل چکا ہے۔

نئی پیڑھی کو یہ بتانا ضروری ہے کہ آں جناب کون تھے۔اس ضرورت کو میں نے اس دن شدت کے ساتھ محسوس کیا جب میں نے جونیئر کالج کے ایک طالبِ علم سے پوچھا: بتاؤ تمہاری نظر میں مولانا ابوالکلام آزاد کا سب سے بڑا کارنامہ کیا ہے؟۔ یہاں یہ واضح کردوں کہ میں اس زمانے میں شہر ناگپور کے ایک ایسے ادارے میں تدریس کے فرائض انجام دے رہا تھا جس کے نام میں اتفاق سے مولانا آزاد (برائے نام ہی سہی) شامل تھے۔

اس طالب علم نے میرے سوال کے جواب میں کہا : مولانا کا سب سے بڑا کارنامہ یہ ہے کہ انھوں نے ناگپور میں مولانا آزاد ہائی اسکول و جونیئر کالج قائم کیا۔

دوسرا صدمہ مجھے اس وقت پہنچا جب اس تقریب کی تیاری کے سلسلہ میں میرے ایک دوست نے مجھ سے درخواست کی کہ اسے مولانا آزاد کی ایک تصویر درکار ہے۔میں نے بلا مبالغہ درجنوں دکانوں کی خاک چھانی اور ہر جگہ سے یہی جواب ملا کہ ہاں ہے نا! اور ہر جگہ مولانا آزاد کی تصویر کے پردے میں، سابق صدر جمہوریہ ہند، اے پی جے عبدالکلام، برآمد ہوئے۔ میں نے انھیں بتایا کہ یہ مولانا آزاد نہیں ہیں تو کچھ دکانداروں نے دانتوں تلے انگلی دبالی۔

ایک دکاندار نے حسبِ سابق ، سابق صدر جمہوریہ ہند اے پی جے ابوالکلام کی تصویر تھمادی ۔ہم نے صاحبِ تصویر کو مولانا ماننے سے انکار کیا تو کہنے لگا : پچھلی گلی میں مولانا کے نام پر ایک

اسکول ہے وہاں تو اسی تصویر کو رکھ کر مولانا کی جینتی ،کئی سال سے منا رہے ہیں اور آپ کہہ رہے ہیں یہ مولانا نہیں ہیں۔

بعض دکانداروں نے ہماری جہالت کو قابلِ رحم جان کر در گزر کیا (اگر چہ ان کے چہرہ سے چھلکتا ہوا یہ تاثر ہم سے چھپا نہ رہ سکا کہ پڑھے لکھے لوگ اس قدر نادان بھی ہو سکتے ہیں !) بعض اپنی حیرانی ظاہر ہونے سے روک نہ پائے اور اس قسم کے جملے سنائی دیئے :

۱۔ یہ ابوالکلام نہیں تو کیا گاندھی جی ہیں؟

۲۔ گرو جی! آپ مسلمان ہوکر اور پڑھے لکھے ہوکر بھی ابوالکلام جی کو نہیں جانتے!

۳۔ کیا بھارت میں اور بھی کوئی ابوالکلام ہوا ہے؟

۴۔ شکشن منتری نہیں، بھارت کے راشٹر پتی تھے۔

کسی نے مشورہ دیا کہ آپ مولانا کو غلط جگہ تلاش کر رہے ہیں، کسی مسلم محلے میں جایئے۔ وہاں تصاویر کی دکان میں مولانا نہ ملیں تو کسی بک ڈپو میں ضرور مل جائیں گے۔

چنانچہ مسلم محلے کی ایک دکان میں داخل ہوئے اور مولانا آزاد کی تصویر مانگی تو ایک لڑکا پرانی تصاویر کے ڈھیر سے مولانا محمد علی جوہر کو دریافت کر کے لے آیا۔ تصویر سے گرد جھٹکتا ہوا بولا :

'لیو مولانا!'

ہم نے کہا: ''مگر یہ مولانا آزاد نہیں ہیں نا!'' اس پر وہ کمالِ بے نیازی سے بولا: لیکن مولانا تو ہیں نا؟ داڑھی ہے ٹوپی ہے اور کیا ہونا؟

ہم دوسری دکان پہنچے۔ وہاں بھی سابق صدر جمہوریۂ ہند کی مقبولیت کا سکہ چل رہا تھا۔ ہم نے دکاندار سے کہا: یہ ابوالکلام تو ہیں مگر ابوالکلام آزاد نہیں ہیں؟

اس کے جواب میں دکاندار نے ایسی دلیل پیش کی کہ ہم لاجواب ہوگئے۔ ''اب پرانے زمانے کے ہیں تو آزاد کہاں سے رہیں گے؟

اور ہم اسے یہ کہہ کر چلے آئے کہ ہاں جنابِ عالی! اب تو اپنے اولین وزیرِ تعلیم کو بھولنے کے لیے پورا بھارت آزاد ہے۔''

ہم نے ہمت نہ ہاری اور پھر ایک دکان میں قسمت آزمائی کی۔ اس بک ڈپو کے مالک نے ہمیں خبر دی کہ 'اب مولانا کی تصویر ملتی کہاں ہے۔ لوگ اے پی جے عبدالکلام کی تصویر رکھ کر ہی کام چلا لیتے ہیں۔ ویسے بھی مولانا آوٹ ڈیٹیڈ ہو چکے ہیں اور لوگ انھیں بھول بھی گئے ہیں۔ اب تو اے پی جے عبدالکلام کا دور ہے۔'

ایک بک ڈپو والے سے پوچھا : 'آپ کے ہاں آزاد کی تصویر ہے؟'

'کون سے آزاد؟ ہمارے ہاں بے شمار آزاد ہوئے ہیں۔ مولانا ابوالکلام آزاد، اے پی جے عبدالکلام آزاد، محمد حسین آزاد، جگن ناتھ آزاد، چندر شیکھر آزاد، غلام نبی آزاد، مشہور قوال اسمٰعیل آزاد، یہ آزاد، وہ آزاد، آزادی کے بعد پورا ملک آزاد ہو گیا ہے۔ آپ کو کون سا آزاد چاہئے؟'

اس کی عام معلومات نے ہماری ہمت بندھائی: 'ہمیں مولانا ابوالکلام آزاد کی بڑے سائز کی تصویر چاہیے۔'

معاف کیجیے! ہمارے ہاں نہیں ہے۔ آپ ان کی کوئی کتاب دیکھئے شاید اس کے کسی کونے میں ان کی تصویر مل جائے۔ ہمیں محسوس ہوا کہ اتنے سارے آزادوں میں مولانا آزاد اس طرح گم ہو گئے ہیں جیسے ہمارے ملک کے ہر شہری کو حاصل ہونے والی ڈھیر ساری آزادیوں میں فرد کی حقیقی آزادی کہیں گم ہو گئی ہے، اور مولانا آزاد کی حقیقی امیج بھی سکڑ گئی ہے۔

ان دنوں محکمہ تعلیمات کے حکم پر پورے شہر کے تعلیمی ادارے مولانا آزاد کا یومِ پیدائش منانے پر تلے ہوئے تھے۔ ہمارے تعلیمی اداروں کی یہ پاکبازی اور فرماں برداری یقیناً قابلِ تحسین ہے کہ وہ کسی بڑی شخصیت کی طرف اس وقت تک آنکھ اٹھا کر بھی نہیں دیکھتے جب تک سرکار اس نابغۂ روزگار کو ان کے لیے 'محرم' قرار نہ دے دے۔ ایک صدر مدرس نے جن کے نامی گرامی اسکول کے نام میں مولانا ابوالکلام آزاد کے نام کو شمولیت کا

شرف حاصل تھا، مجھے یہ خوشخبری سنائی کہ ان کے اسکول کا نام مولانا کے نام پر رکھا ہوا ہے اور وہ شہر کا سب سے پرانا ادارہ ہے ، اس سال وہ سرکاری حکم پر عمل کرتے ہوئے پہلی مرتبہ مولانا آزاد کا جنم دن منانے جا رہے ہیں ۔ موصوف نے مزید اطلاع دی کہ اس دن طلبا کے درمیان چاکلیٹ بھی تقسیم کئے جائیں گے اور ایک ریلی نکالی جائے گی ۔ بعد میں کسی نے مجھے بتایا کہ اس ریلی میں بچوں نے بڑے جوش و خروش کے ساتھ نعرے بھی لگائے ۔ مولانا آزاد ۔ زندہ باد، ایک دو تین چار ۔ گاندھی جی کی جے جے کار، جے جوان ۔ جے کسان ۔ وغیرہ غیرہ (بے چارے معلمین ومعلمات بھی مجبور ہیں، نئے نعرے کہاں سے لائیں)۔

اسی دوران شہر کے سماجی فلاحی اداروں کو مولانا بے اختیار یاد آئے اور انھوں نے اپنے اختیارات کا استعمال کرتے ہوئے ۔ ریلی نکالی، ایک میدان میں بڑا جلسہ منعقد کیا ۔ مولانا آزاد سے شہر کے سارے طلبا واقف ہو سکیں اس غرض سے بچوں کو مولانا کا گیٹ اپ دیا گیا۔ شیروانی ،ٹوپی اور نقلی ڈاڑھی میں ملبوس درجنوں ننھے ننھے، چھوٹے بڑے، دبلے موٹے ہر سائز کے مولانا آزاد لاریوں پر کھڑے نظر آنے لگے ۔ سارے شہر نے جان لیا کہ مولانا آزاد ایسے ہی تھے ۔ ریلی شہر کے دو اداروں نے ساجھے داری میں نکالی تھی ۔

میں نے دیکھا ایک ٹرک پر اسکول یونی فارم سفید شرٹ پینٹ میں ملبوس ایک لڑکے سے مولانا کا بھیس بنائے ہوئے لڑکے کی لڑائی ہو رہی ہے ۔ مولانا ڈاڑھی لگائے ،ٹوپی پہنے اسے ایک پتلی سی لکڑی سے پیٹ رہے ہیں اور مغلظات بکتے جا رہے ہیں ۔ کسی نے ایک ٹیچر سے کہا: ارے یہ کیا ہو رہا ہے ، روکو ان کو ،تو ٹیچر کہنے لگا : ’بھئی ! وہ بھی اس جھلکی کا حصہ ہے ۔ یہ دکھایا جا رہا ہے کہ مولانا نے کس طرح اپنے قلم اور تقریر سے انگریزوں کے خلاف جنگ کی تھی ۔‘

دوسرے ٹرک پر دو مولانا آپس میں گتھے ہوئے تھے ۔ اس کے متعلق ان صاحب سے پوچھا گیا تو فرمایا : ’دراصل یہاں یہ بتانا ہے کہ مولانا آزاد اپنی ابتدائی زندگی میں خود اپنے آپ سے الجھتے رہتے تھے ۔ کتنے ہی مذہبی معاملات میں ان کے دل و دماغ میں جنگ چلتی رہتی تھی ۔ مولانا کے اندر خود دو مولانا ایک دوسرے سے بھڑے ہوئے تھے، یہ اسی کا نقشہ ہے ۔‘

جب ہم میدان میں پہنچے تو دیکھا ہر طرف جوش و خروش کا ماحول ہے اور اس میں مزید جوش پیدا کرنے کے لیے فلمی گیت سنائے جا رہے تھے ۔ ہمارے کانوں میں پہلے بول پڑے وہ یہ تھے ۔

’اس دھرتی پہ جس نے جنم لیا، اس نے ہی پایا پیار ترا، یہاں اپنا پرایا کوئی نہیں، ہے سب پہ ماں اپکار ترا،
میرے دیش کی دھرتی سونا اگلے اگلے ہیرے موتی ۔‘

ہم نے اردو میڈیم اسکول کے ایک استاد سے جو باریش تھے اور ٹوپی پہنے ہوئے حلیہ سے نیم مولانا نظر آ رہے تھے پوچھا :
یہ مخصوص گیت بجانے کا یہ کیا موقع ہے؟

کہنے لگے، ارے صاحب ! مزہ آتا ہے خوشی کا موقع ہے ، آج مولانا کا یومِ پیدائش ہے ۔

مگر یہ میرے دیش کی دھرتی ؟

جناب بات دراصل یہ ہے کہ مولانا آزاد ، جیسے عظیم لوگ یہاں پیدا ہوئے ہیں، اور مولانا آزاد تو سونا تھے ، چوبیس کیریٹ سونا ۔

مولانا آزاد کی ’جائے پیدائش‘ پر نیا تنازعہ پیدا ہو جانے کے ڈر سے ہم آگے بڑھ گئے ۔ شہر کے سب سے بڑے گراؤنڈ میں تمام اردو اسکولوں کے طلبا و طالبات کو جمع کیا گیا تا کہ انھیں مولانا آزاد کی خدمات سے واقف کروایا جائے ۔ تھوڑی ہی دیر میں اس شاندار تقریب کا آغاز ہوا۔ تقریر کرتے ہوئے مقررِ خاص نے کہا : مولانا آزاد کی شخصیت محتاجِ تعارف نہیں ہے، وہ ہمارے عظیم رہنما تھے ۔ انھوں نے جنگِ آزادی میں بڑھ چڑھ کر حصہ لیا تھا۔

میں نے دیکھا کسی اسکول کا ایک معصوم سا بچہ مولانا کے

بھیس میں کھڑا بڑے انہماک سے وہ تقریر سن رہا تھا۔ مجھے محسوس ہوا ،وہ بچہ نہیں، خود مولانا ابوالکلام آزاد ہیں،عدم آباد سے اس زمین پر اتر آئے ہیں تا کہ اپنے بارے میں قوم کے خیالات سن سکیں۔مگر یہ کیا؟ مقررِ خصوصی نے مولانا آزاد کو تین جملوں میں ٹرخا دیا اور وہ پھر بتانے لگا کہ ان کی تنظیم نے شہر میں کیا کیا کارنامے انجام دیے۔کتنے بلڈ ڈونیشن کیمپ منعقد کیے، کتنے وفد لے کر کلکٹر کے پاس گئے۔شہر میں کتنی ریلیاں نکالیں ؟ وغیرہ وغیرہ۔مولانا اپنے بارے میں سننے کے لیے ترستے رہ گئے۔

جلسہ کے بعد اس مقرر کو کئی لوگوں نے ہاتھوں ہاتھ لیا۔تم نے مولانا کے بارے میں اتنا کم کیوں کہا؟

ارے میں کیا بولتا، مجھے مولانا کے بارے میں اس سے زیادہ کچھ معلوم ہی نہیں تھا۔وہ تو اچھا ہوا ماسٹر صاحب نے وقت پر تین جملے گھسیٹ دیئے تو جم گیا۔

دوسری تنظیم کے صدر نے اس کا گریبان پکڑ لیا : تم نے میرا تعارف کیوں نہیں کروایا۔ ہماری پارٹی کے بارے میں تو کچھ بولا ہی نہیں۔بس اپنی بے تکی ہانکتے رہے۔اس کے بعد اس کی تنظیم کے صدر نے اسے آڑے ہاتھ لیا:'سب سے پہلے یہ بتاؤ تم نے میرا انٹروڈکشن کیوں نہیں کروایا۔سارا ٹائم خود ہی کھا گئے' ۔ایک صاحب وہیں اناؤنسر کو ڈانٹ پلا رہے تھے کہ مجھے تقریر کے لیے مائک پر کیوں نہیں بلایا؟

اس غبارِ خاطر کے سبب ہنگامہ بڑھنے لگا تو ہم نے اپنا راستہ لیا۔بچے بھی مولانا آزاد کو تین جملوں میں خراجِ عقیدت پیش کر کے اپنے گھروں کی طرف چل دیئے۔۔

☆……○……☆

(ڈاکٹر) محمد اسد اللہ

گلیشیر

(جدید شاعر ڈاکٹر مدحت الاختر کا خاکہ)

مدحت الاختر جو ایک جدید شاعر ہیں ، اپنا پہلا مجموعہ کلام ، 'منافقوں میں روز و شب' ، لے کر اردو ادب کے اسٹیج پر نمودار ہوئے یا شاید پیچھے سے زبردستی دھکیل کر انٹری کروائی گئی ۔ ہر کسی کی تان کتاب کے نام پر ٹوٹی ۔ در پردہ یہ صدا بھی سنائی دی کہ اس پردے میں کوئی بزرگ درویش صفت ،عوام الناس سے بیزار ،طبقہ خاص سے نالاں اور شکوہ سنج ہیں دوستوں کے باب میں ۔ ثبوت اس کا یہ مصرع ہے ۔

سانسیں گنوا رہا ہوں کمینوں کے درمیاں ۔

ہم سمجھے اصل لفظ' مکینوں' رہا ہوگا کتابت کی غلطی نے دوستوں سے انتقام لینے کی ایک صورت پیدا کردی۔

قہر جان بر جانِ درویش ،سنا کہ درویش ہٰذا کی جان اس کی شاعری ہے سو جاندار بھی ہے جس کا ایک ہدف منافقت و ریا کاری میں ڈوبا ہوا معاشرہ بھی ہے ۔خود صاحبِ کتاب کم گو،کم آمیز،گفتگوئے حق میں خاصہ تیز اور منجملہ شرفائے شہر ہے ۔لوگ اس سے دو ہاتھ دور رہتے ہیں تو وہ ان سے چار ہاتھ کا فاصلہ بنائے رہتا ہے ۔ اسی رکھائی کو اس نے شہرِ سخن میں بھی روا رکھا چناچہ سوائے غزل کے کسی اور صنفِ سخن کو منہ نہ لگایا۔

بعد تحقیق کے پتہ چلا کہ حضرت مدحت الاختر ، ناگپور مہاودھیالیہ ناگپور میں اردو کے لکچرر ہیں۔ ان کی شاعری پر فارسی شاعری کا سایہ دیکھ کر ہم ایک مدت تک اس غلط فہمی میں مبتلا رہے کہ ہو نہ ہو یہ فارسی کے صدرِ شعبہ ضرور ہیں،بعد میں ذاتی مشاہدے سے اندازہ ہوا کہ موصوف ان عجا ئبات روزگار میں سے نہیں ہیں جنھیں کسی مضمون کی طرف متوجہ کرنے کے لئے کم از کم کسی کالج میں اس شعبے کا صدر بنانا پڑتا ہے ۔

اسی زمانے میں شاہد کبیر کا یہ شعر میری نظر سے گزرا۔

شادی کر کے وہ بھی تنہا ہوگیا
آج شاہد ، مدحت الاختر کھلا

ابھی میں اس شعر میں بیان کی گئی' ون پلس ون ازا یکول ٹو ون' والی جدید ریاضی کی گتھی سلجھا بھی نہ پایا تھا کہ ایک نئی اطلاع موصول ہوئی ، مدحت الاختر صاحب کی بیگم کو ان کے پورے کلام میں صرف ایک مصرع پسند ہے ۔

'جاہلوں کے شہر میں سب سے بڑا جاہل ہوں میں'

بعض لوگ اسے ان کی بیگم کی حقیقت پسندی قرار دیتے ہیں۔ مدحت صاحب کا کلام بلاغت نظام تو میں نے برضا و رغبت پڑھا مگر ان کی چھوٹی موٹی سی شخصیت کے متعلق جتنی باتیں سنی تھیں وہ ان سے نہ ملنے کے لیے کافی تھیں ۔یوں بھی مجھے معلوم ہوجائے کہ سامنے سے کوئی شاعر آرہا ہے تو میں پچھلے دروازے سے کھسک لینے ہی میں عافیت سمجھوں گا۔ اگر چہ اس دروازے کے باہر بھی کوئی شاعر کھڑا نہ ہو۔ ہونی کو کون ٹال سکتا ہے ۔نہ چاہتے ہوئے بھی میں ایک دن ان سے ملوادیا گیا۔ میں اپنے ایک دوست کے ساتھ کامٹی کے بازار سے گزر رہا تھا،ایک جگہ رک کر انھوں نے مجھ سے پوچھا : مدحت الاختر صاحب سامنے ہوٹل میں بیٹھے ہیں ،ملوگے؟ میں نے طوعاً وکرہاً حامی بھر لی ۔ ہوٹل کے بیچ پر ایک دبلا پتلا بے روزگار قسم کا شخص مع حواسِ خمسہ اخبار میں ڈوبا ہوا نظر آیا۔اس کے ایک پل کے لیے سر اٹھاتے ہی ان صاحب نے اشارہ کیا میں سمجھا یہ اشارہ مدحت

صاحب کو بلوانے کے لیے کیا گیا۔ ذرا دیر بعد ہم دونوں اسی شخص کے روبرو کھڑے تھے۔ ان سے ملو اردو کے مشہور جدید شاعر ڈاکٹر مدحت الاختر صاحب ۔ مجھے محسوس ہوا گویا دسمبر کی صبح اچانک کسی نے لوٹا بھر یخ بستہ پانی میرے سر پر انڈیل دیا ہو۔ میں نے مدحت صاحب پر نظر ثانی کی؛ دبلا پتلا جسم، عام قسم کی لائٹ کلر فل پنٹ وشرٹ میں ملبوس، ٹھنڈے ہاتھ، سرد مصافحہ، دھیمی آواز میں ملفوف نرم لہجہ، تعارف کے وقت وہ چھوٹی چھوٹی آنکھوں سے ادھر ادھر دیکھنے لگے جیسے وہ بغلیں جھانک رہے ہوں۔ وہاں بیٹھتے ہی انھوں نے چائے کے آرڈر کی ان الفاظ میں پرزور تائید کی 'بھئی چائے ذرا گرم بھجوایئے، جب بہت ٹھنڈی تھی' میری توقع کے مطابق ان کی شخصیت کو بھی 'گرم' ہونا چاہیے تھا پر کیا کریں وہ ٹھنڈی چائے ثابت ہوئے۔

میرا ایک دوست بھی موصوف کو دیکھ کر اسی قسم کی جھنجھلاہٹ کا شکار ہوا۔ کہنے لگا مدحت الاختر کی تو چپل بھی ان کے شایان شان نہیں تھی ۔ میں نے اسے سمجھایا کہ شاعروں کی تو شان ہی نرالی ہوتی ہے۔ فارسی شاعری سے دلچسپی کا یہ مطلب تو نہیں کہ ہر وقت سلیم شاہی جوتے چٹخاتے رہیں۔ بات دراصل یہ ہے کہ مدحت الاختر آپ کی امیج کے راستوں پر چل کر نہیں آتے آپ کو ان کا پیچھا کر کے اپنی امیج کی تصحیح کرنی ہوگی...... مجموعی طور پر میرا یہ تاثر تھا کہ : کم آمیز ہے مومن ...... ہمارے ہاں ادب کے خالی برتنوں کا شور بہت ہے۔ اس کے برعکس مدحت الاختر ۔ جس کا جتنا ظرف ہے اتنا ہی وہ خاموش ہے، کی مصداق گمبھیر آدمی ہیں۔

ایک مرتبہ ایک عوامی لائبریری کے منتظمین نے مجھ سے ضرورتاً یا شاید امتحاناً یہ درخواست کی کہ دیوار پر جو Keep Silence لکھا ہے ذرا اس کا بامحاورہ اردو ترجمہ کر کے بتایئے۔ آدمی کا مترجم ہونا اس کے کیے گئے ترجمے سے بھی زیادہ برا ہے۔ بہر حال میں نے اقبال کا مذکورہ ریڈی میڈ مصرع ان کی خدمت میں پیش کر کے اپنی جان چھڑائی۔ اب اس لائبریری میں یہ شعر لکھا ہوا ہے:

کہہ رہا ہے شور دریا سے سمندر کا سکوت
جس کا جتنا ظرف ہے اتنا ہی وہ خاموش ہے

اب وہاں لوگ سمندر بننے کی کوشش کرتے ہیں اور جمادات بن کر رہ جاتے ہیں۔ مدحت الاختر صاحب کی بات نرالی ہے۔ وہ فطرتاً کم گو مگر خوش کلام واقع ہوئے ہیں۔ میں گزشتہ دنوں مزاحیہ مضمون کی ریکارڈنگ کے لیے آکاش وانی کے اسٹوڈیو گیا تب ان سے ملاقات ہوئی پوچھنے لگے آپ کے ریڈیو ٹاک کا عنوان کیا ہے؟ میں نے کہا، نوٹ بمعنی روپیہ۔ فرمانے لگے، نوٹ جراثیم رسانی کا واحد کارآمد ذریعہ ہے۔ میں نے حیرت سے پلکیں جھپکائیں تو بولے : ایک آدمی جب کسی شخص کو نوٹ دیتا ہے تو اس کے ہاتھوں میں لگے جراثیم دوسرے تک خود بخود منتقل ہو جاتے ہیں۔ میں یہ سن کر دنگ رہ گیا اور سوچا نہ ہوا میں مرزا اسد اللہ خاں غالب اور نہ یہ حضرت مومن خاں مومن ہیں۔ ورنہ میں اپنا پورا مضمون ان کی نذر کر کے اس کے عوض یہ بلیغ جملہ لے لیتا۔ خیال آیا کہ موصوف میرا مضمون لے کر آخر کریں گے بھی کیا؟ ان کی شاعری تو یوں بھی فرسودہ مضامین سے پاک ہے اور یہ ناچیز تو اپنے مضمون کا طبلہ کبھی کسی رسالے میں چھپوا کر بجائے گا اور کبھی ریڈیو پر سنا کر شہرت کمائے گا۔

مدحت الاختر مانند ایک گلیشیر کے ہیں ان معنوں میں کہ گلیشیر بھی ان ہی طرح ٹھٹھرا ہوا اور یخ بستہ ہوا کرتا ہے۔ اپنے نو حصے پانی کے اندر چھپائے رہتا ہے فقط ایک حصہ ناظرین کی تسلی کی خاطر سطح آب پر ابھارتا ہے۔ مدحت الاختر کا تو دسواں حصہ بھی پانی میں ڈوبا رہتا ہے۔ موصوف اپنے اندر گلیشئر کی سی روانی رکھتے ہیں جو اندر ہی اندر خفیہ پیروں سے چلتے ہوئے سمندر میں بہت دور نکل جاتا ہے۔ ظاہر ہے یہ بات میں ان کے ذہنی سفر کے متعلق کہہ رہا ہوں۔ ڈاکٹر مدحت الاختر ایک لطیفہ ساز ذہن کے مالک ہیں۔ ان کے بیشتر فقرے بڑے دنداں شکن ہوا کرتے ہیں۔ چند نمونے ملاحظہ فرمائیں۔

مشہور جدید شاعر اور ناقد ڈاکٹر صفدر اپنی تحریر میں ایک غلطی

بار بار دہراتے ہیں۔ وہ لفظ 'کسی' کو اس انداز سے لکھتے ہیں جیسے 'کس' لکھا ہو۔ اس پر مدحت الاختر صاحب کا تبصرہ ہے: 'صفدر صاحب تو ہر کسی کو کس (kiss) کر لیتے ہیں۔'

ایک مشہور مذہبی شخصیت کے متعلق جن کی تقریریں بہت مقبول تھیں، کسی نے بتایا کہ ان کے ہاں تکرار نہیں ہے، جو بات آج کہہ دی کل اسے ہرگز نہیں دہرائیں گے۔ مدحت صاحب نے اس کی یہ وجہ بیان کی: ممکن ہے مولوی صاحب اگلے دن وہ بات خود بھول جاتے ہوں۔

ناگپور کے ایک مشہور شاعر ڈاکٹر منشا الرحمٰن منشا صاحب کے تین بیٹے اور وہ خود بھی ڈاکٹر تھے، ان کے گھر کی دیوار پر چار ڈاکٹروں کے ناموں کی تختیاں دیکھ کر مدحت صاحب کہنے لگے: اتنی تختیاں لگوانے کی کیا ضرورت تھی، ایک ہی کافی تھی اس پر لکھ دیا ہوتا دواخانہ۔

مدحت صاحب پہلے شہر کامٹی کے محلے 'نیا گودام' میں رہا کرتے تھے کچھ عرصے بعد محلّہ 'نیا بازار' میں آکر رہنے لگے۔ کسی نے پتے کی تبدیلی پر حیرت کا اظہار کیا تو فرمایا: مال اب گودام سے بازار میں آ گیا ہے۔

مدحت الاختر صاحب کے کالج میں ایک صاحب ہمیشہ شیروانی میں ملبوس رہا کرتے تھے۔ ایک دن کہنے لگے: میری شیروانی تنگ ہوگئی ہے۔ مدحت صاحب نے فوراً تصحیح فرمائی: 'تنگ آ گئی ہے۔'

ایک مرتبہ مدحت الاختر صاحب اپنے کسی دوست سے سخت ناراض ہوئے تو کہنے لگے، 'انھوں نے میری شرافت دیکھی ہے کمینگی نہیں۔' لوگ خوش ہوئے کہ چلو اسی بہانے ایک نیا مدحت الاختر سامنے آئے گا مگر ایسا کچھ بھی نہ ہوا۔ دراصل جس چیز کو وہ شرافت کا جامہ سمجھ رہے تھے وہ ان کی کھال تھی۔ مدحت الاختر کے ہاں متانت، ذہانت، اور شرافت کچھ بھی اوڑھا ہوا نہیں ہے۔ آدمی اوڑھی ہوئی شال سے بھلے ہی باہر آ جائے، اپنی کھال سے باہر کیسے ہو سکتا ہے۔

☆……○……☆

یوسف ناظم

کچھ پرزے میرے

اچھی کتاب وہ ہوتی ہے جو ہوتی ہی اچھی ہے اور کوئی مقدمہ نگار کتنی ہی کوشش کرلے اس کا کچھ نہیں بگاڑ سکتا۔ مقدمہ نگاری کے بارے میں کئی سال کے تلخ تجربوں کے بعد اب یہ بات طے ہو چکی ہے کہ ادب میں تنقید نگاری کے بعد اگر کوئی چیز مضرت رساں ہے تو وہ یہی مقدمہ نگاری ہے۔ کچھ لوگ مقدمہ نگاری کو تنقید سے زیادہ اشک آور مانتے ہیں اور محمد اسد اللہ جو اس کتاب ''پر پرزے'' کے دانا و بینا مصنف ہیں، اس نکتے سے واقف ہیں لیکن ان کا تذبذب اندازِ فکر انھیں بدیہی غلطیوں پر اکساتا رہا ہے۔ میں بہر حال اپنی حد تک دعا بھی کروں گا اور کوشش بھی کہ میرے یہ چند (غیر) مقدماتی الفاظ انھیں زیادہ نقصان نہ پہنچائیں۔ اس تحریر کو ہومیوپیتھی کی دوا سمجھیے جو دی تو فائدے کے لیے جاتی ہے لیکن اس تیقن کے ساتھ کہ یہ مریض کو نقصان نہیں پہنچائے گی۔ (اس سے زیادہ کی ہوس رکھنی بھی نہیں چاہیے) ویسے محمد اسد اللہ مریض کہاں ہیں، خود معالج ہیں۔ افسردگی، اداسی اور پژمردگی جیسے خود طلب کردہ امراض کا علاج کرتے ہیں۔ یہ ان کا خصوصی شعبہ ہے۔ یہ تینوں ہیں تو ایک ہی مرض، لیکن پژمردگی مرض کا تیسرا درجہ ہے اور یہاں کبھی کبھی سرجری کی نوبت بھی آ جاتی ہے۔ محمد اسد اللہ پیشے سے ''سر'' ہیں اور مزاج سے ''جری'' اس لیے اس معاملے میں ان کا ہاتھ صاف ہے۔ شفا تو خیر اللہ کے ہاتھ ہے، ان کے ہاتھ میں جوہر ضرور ہے۔ (مدحت الاختر اور ڈاکٹر صفدر کے خاکے ان کی سرجری ہی کی پیداوار ہیں۔) عملِ جراحی کے دوران اگر انھیں کوئی ناانصافی یاد آ جاتی ہے تو ان کی نشتر زنی جمالیات سے زیادہ جلالیات سے سر تال ملانے لگتی ہے۔ میں انھیں کیوں نہ یاد دلا دوں کہ ان دنوں ''منصفی'' نسبتاً زیادہ قاتل ہو گئی ہے ورنہ شاعر نہ کہتا:

رکھتا تھا کبھی خوفِ ستم بند گھروں میں
اب کے تو ہم انصاف کے ڈر سے نہیں نکلے

مصنف کا مضمون '' لکھنے کی فرمائش پر'' ان کے جلالی طنز کو درمیان لے آیا یعنی میان سے باہر لے آیا، ورنہ وہ تو بنیادی طور پر ایجاب و قبول کے آدمی ہیں۔ ''گاؤں کے راستے'' سے گزرتے ہیں تو ایسا معلوم ہوتا ہے، اپنے پیچھے آنے والوں کے لیے پھول (جو بھی میسر ہوں) بکھیرتے چلے آ رہے ہیں۔

مصنف کا حال چال قابلِ رشک ہے۔ اس لحاظ سے جہاں تک ان کی علمی حالت کا تعلق ہے وہ اردو کے ایم اے ہیں اور انگریزی کے بھی۔ مراٹھی شاید ان کی منہ بولی مادری زبان ہے۔ چونکہ ایم ہیں اس لیے پی۔ ایچ۔ ڈی بھی ہیں۔ انشائیہ نگاری کے موضوع پر مقالہ لکھا تھا شکر ہے کہ ممتحن نے بھی اسے مقالہ ہی سمجھا، انشائیہ نہیں۔ تدریس ان کا وظیفۂ حیات ہے، گو وظیفے کی عمر کو ابھی پہنچے نہیں ہیں۔ یہ تو ان کا حال ہوا ہے۔ چال کی کیفیت یہ ہے کہ دو کتابیں شائع ہو چکی ہیں اور کئی شائع ہونے کے قریب ہیں۔ بڑوں کے لیے تو لکھتے ہی ہیں بچوں کے لیے لکھنے میں انھیں تامل نہیں ہے۔، انھیں کوئی پریشانی نہیں ہوتی۔ پریشان تو بڑے ہوتے ہیں کہ کیا پڑھیں۔

اس قدر یعنی اس حد تک مصروف رہنے والے شخص کو گھر سے باہر نکلنے کی فرصت نہیں ملنی چاہیے (کام پر جانے کی بات اور ہے) لیکن اس لیے گھر سے نکلتے ہیں کہ کوئی موضوع ہاتھ آ جائے گا۔ یہ اپنے موضوعات کے لیے کان استعمال نہیں کرتے، آنکھیں استعمال کرتے ہیں۔ ہر عمل کا مشاہدہ کیا گیا ہے۔ میری دعا ہے کہ محمد اسد اللہ کے پرزے سلامت رہیں۔۔ (مقدمہ)

☆……○……☆

بابو آر کے
اکولہ

محمد اسد اللہ کے پر پرزے

آ ج بھی سنگتروں اور اس کی قلموں کے لیے مہاراشٹر میں ورو ڈ کو ایک خاص مقام حاصل ہے ۔لیکن فی الحال ڈاکٹر صفدر اور محمد اسد اللہ کی قلموں نے سنگترے کی قلموں کو بہت پیچھے چھوڑ دیا ہے۔ یہ بات تو تسلیم شدہ ہے کہ عرصہ دراز سے ورو ڈ کا تعلق قلموں سے رہا ہے چاہے وہ سنگترے، لیمو یا موسمبی کی قلمیں ہو یا صفدر یا اسد جیسے اہل قلم کی قلمیں ہو۔ ویسے ان دنوں اپنے ملک میں ہر طرف قلموں کا طوطی بول رہا ہے ۔ جہاں تہاں ۳۷، ۱۴۴ و دیگر قلمیں فروغ پا رہی ہیں قلموں کی اسی بہتات کے باعث ہمارا ملک ملک ہی نہیں قلموں کا باغیچہ لگنے لگا ہے اور شاید علامہ اقبال نے اس کیفیت کو بہت پہلے بھانپ لیا تھا اسی لیے وہ صاف و دو ٹوک کہہ گئے ۔

ہم بلبلیں ہیں اس کی یہ گلستاں ہمارا

گزشتہ کئی سالوں کے آس پاس اور دور کے علاقوں میں ورو ڈ سے سنگتروں کی قلمیں جاتی رہی ہیں لیکن ان دس سالوں میں سنگتروں کی قلموں کے ساتھ صفدر و اسد کی قلمی تحریروں کی نقل و حمل بھی ملک و بیرونی ملک زوروں پر رہی ہے۔

''بوڑھے کے رول میں'' اسد اللہ کے انشائیوں کی پہلی کھیپ تھی جو خالص انشائیے لکھنے والوں کے لیے ڈالی گئی تھی ۔ جبکہ ''پر پرزے'' انشائیوں پر مشتمل وہ دوسری تصنیف ہے جو حقیقت میں انشائیے پڑھنے والوں کے لیے تحریر ہوئی ہے ۔گویا اسد اللہ کو انشائیے لکھنا ہی نہیں ، انشائیے لکھوانا بھی آتا ہے ۔اسد کی ایک انفرادیت یہ بھی ہے کہ ان کے ذہن کی دہلیز پر انشائیہ کی سواری ہمہ وقت تیار کھڑی رہتی ہے۔ان کا جب جی چاہتا ہے وہ سوار ہوتے ہیں اور پلک جھپکتے ہی من چاہے موضوع کی باگ تھامے دنیا کی سیر کراتے ہیں جب کہ ادب کی شاہراہ پر انشائیہ وہ سرکش سواری مانی گئی ہے جو اچھے اچھے شہسواروں کے لیے لوہے کے چنے ثابت ہوئی ہے ۔یہی وجہ ہے کہ اس صنف کے نامور شہسواروں پر غالب کا یہ مصرع صادق آتا ہے ۔

نے ہاتھ باگ پر ہے نہ پا ہے رکاب میں

لیکن انشائیہ لکھنا بلکہ ایک اچھا انشائیہ لکھنا اسد کے لیے بالکل ایسا ہی ہے جیسے کوئی بے خیالی میں یونہی بیٹھے بیٹھے پیر ہلائے سیٹی بجائے یا گنگنائے ۔میاں چپاتی ، ناگپور، ڈاکٹر صفدر اور ڈاکٹر مدحت الاختر پر لکھے گئے خاکوں کے تیکھے نقوش دل کش خدو خال نے کتاب کے ابتدائی اوراق کو البم کا حسن فراہم کر کے طنز و مزاح کی رنگینیاں پیدا کر کے سنگینیاں بکھیر دی ہیں ۔ خاکوں کے بعد پر پرزے میں پندرہ سولہ رنگا رنگ انشائیوں کی خوبصورت قوسِ قزح تنی ہے جس میں اسد نے خوب ہاتھ پاؤں نکالے ہیں اور ان کے کس بل دیکھنے اور پڑھنے سے تعلق رکھتے ہیں ۔ بظاہر انشائیوں کے عنوانات کان، جوتے، پنگھٹ، سیلاب ،نوٹ، پاکٹ ،تعریف ،طوطے اور گدھے تجویز ہوئے ہیں لیکن ان انشائیوں کی زبان ، ان کا لہجہ ،ان کے مواد سے گویا صفحہ در صفحہ قلم کی جادوگری زبان کی بازیگری کا سحر جاگ اٹھا ہے ۔ پر پرزے کے تمام مضامین کے بطن میں طنز و مزاح کی ترشی کی عمدہ آمیزش ہوئی ہے جو قاری کے بوجھل ذہن و دل کو گدگداتا ہوا احساس فراہم کرنے کا ذریعہ بنتی ہے ۔ان خوبیوں کے باعث پر پرزے قاری کو یرغمال کی طرح اپنے قابو میں رکھ کر اسے اپنے مطالعے میں مشغول رکھتی ہے ۔۔

☆......○......☆

ڈاکٹر ناصرالدین انصار
مدیر، سہ ماہی
صداقت امراؤتی
(مہاراشٹر)

صوفی صاحب
(محمد اسداللہ کا خاکہ)

اسد صاحب کا تعلق امراؤتی ضلع کے ایک زرخیز قصبے وروڈ سے ہے۔ ست پڑا پہاڑ کے دامن میں واقع یہ علاقہ اپنی سرسبزی و شادابی نیز سنگترے کے باغات کے لیے مشہور ہے۔ سنگترے جیسے رسیلے اور خوش نما پھل کی سال بھر میں دو فصلیں ہوتی ہیں۔ پہلی فصل سردیوں کے موسم میں ہوتی ہے جس میں یہ پھل قدرے ترشی لیے ہوتا ہے جبکہ گرمیوں کے موسم کے سنگترے اپنی ظاہری خوش رنگی کے ساتھ ساتھ باطنی طور پر بھی انتہائی خوش ذائقہ اور خوب تر ہوتے ہیں۔ اسد صاحب کی ادبی شخصیت میں اس پھل کی دونوں خوبیاں پوری قوت سے شامل ہوگئی ہیں۔ پہلی فصل کی ترشی کو ان کے طنزیہ و مزاحیہ تحریروں میں محسوس کیا جاسکتا ہے تو دوسرے موسم کی خوش نمائی اور لذت کا مکمل عکس ان کے انشائیوں میں نظر آتا ہے۔ اس طرح انھوں نے اپنی مٹی کے ہر دو قسم کے اثر کو اپنے اندر سمو لیا ہے۔ پھر جب کوئی اپنی مٹی کا اس قدر حق ادا کرے تو خواہ وہ آسمان میں اڑے لیکن اس کا تعلق ہر وقت زمین سے بنا رہتا ہے۔ دراصل یہی تعلق اس کی شخصیت کی تعمیر میں کلیدی کردار ادا کرتا ہے۔

اسداللہ صاحب کا تعلق بنیادی طور پر ڈاکٹر وزیر آغا کی انشائیہ نگاری کی تحریک سے رہا ہے؛ وہ ماہنامہ اوراق، لاہور میں متواتر چھپتے رہے ہیں، حالانکہ بھارت میں بھی چھپے نہیں رہے، اس کے باوجود اکثر لوگ انھیں سرحد پار کا باشندہ سمجھ کر بھارت کے انشائیہ نگاروں میں شامل نہیں کرتے۔ وہ طنزیہ و مزاحیہ مضامین بھی لکھتے ہیں، سب سے زیادہ ماہنامہ شگوفہ حیدرآباد جیسے رسالے میں شائع ہوئے ہیں جو ہندوستان میں ظریفانہ ادب کا واحد سفیر ہے۔ اس رسالے کی فہرست 'اس تھیلی کے چٹے بٹے'' کے عنوان سے شائع ہوتی ہے۔ یعنی ان چٹّو ں بٹّوں میں شامل ہونے کے باوجود موصوف بدیسی مال گردانے جاتے ہیں اور گویا اس صورتِ حال کا شکار ہیں:

واعظِ تنگ نظر نے مجھے کافر جانا
اور کافر یہ سمجھتا ہے مسلماں ہوں میں

اسد اللہ صاحب صرف طنز و مزاح کی تھیلی ہی تک محدود نہیں ہیں۔ ادبِ اطفال، مراٹھی ادب کے تراجم، شاعری اور ڈراما نگاری کے اسٹیج پر بھی پائے جاتے ہیں۔ گویا چمن میں ہر طرف بکھری ہوئی ہے داستاں میری۔

ڈاکٹر اسد اللہ سے میری ملاقات تقریباً پانچ برس قبل پونہ میں ہوئی تھی۔ ایک دن میں بال بھارتی پونہ کے مہمان خانے میں ڈاکٹر یحییٰ نشیط صاحب سے ملاقات کی غرض سے گیا تو کیا دیکھتا ہوں کہ وہاں انتہائی خوب رو اور نفیس شخص اپنے بستر پر براجمان مطالعے میں غرق ہے۔ قد و قامت مناسب اور خدوخال نہایت مرتب ہیں۔ سرخ و سفید چہرے پر داڑھی سے خوب نکھار ہے۔ خاکسار بہت دیر تک انھیں دیکھتا ہی رہ گیا۔ پھر وہ بڑی محبت اور تپاک سے ملے اور ہماری گفتگو میں شامل ہو گئے۔ ان کی قربت، اندازِ گفتگو اور طرزِ تخاطب نے دو آتشہ کا کام کیا۔ میں اسد صاحب کی دلآویز شخصیت کا ایک خوش گوار تاثر لے کر لوٹ آیا۔ ان سے مسلسل ملاقاتیں اس پہلے نقش کے تاثر اور میری رائے کی اصابت میں خوش گوار اضافہ کرتی رہیں۔

درسی کتابوں کی تدوین کے لیے مشہور ادارہ بال بھارتی پونہ کی رکنیت کے ساتھ ہی مجھے موصوف کی صحبت و معیت کی مسلسل سعادتیں حاصل ہوئیں۔ وہاں ان کی شخصیت کی کتاب کھلی تو اس میں کئی انوکھے ابواب سامنے آئے۔ بال بھارتی میں تحریر و تصنیف کا کوئی نیا مرحلہ ہو یا نئے افکار و نظریات کی تفسیر ... ہر ایک نظر اسد

صاحب کی طرف اٹھتی ہے۔ پھر وہ کسی کے کہنے سے قبل ہی اس کام کو اپنے ذمہ لے لیتے ہیں اور بخوبی اسے انجام تک پہنچاتے ہیں۔

اسد صاحب کے ساتھ رہتے ہوئے میں نے محسوس کیا کہ وہ انتہائی با مروت انسان ہیں۔ کسی کام سے انکار تو شاید ان کی ڈکشنری ہی میں نہیں۔ اکثر لوگ ان کی سادہ مزاجی کا فائدہ اٹھاتے ہوئے اپنے حصے کے کام بھی ان کے سر منڈھ دیتے ہیں۔ اسد صاحب ان کرم فرمائیوں کو خوب سمجھتے ہیں لیکن انکار کا حوصلہ نہیں جٹا پاتے۔ اگرچہ اس صورتِ حال کا کوئی اثر ان کے مزاج پر نہ ہوا ہو لیکن اس سے ان کی یادداشت بہت متاثر ہوئی ہے۔ اب وہ اپنے معمولات میں سامنے کی چیزوں تک کو بھول جاتے ہیں۔ اسکول کے زمانے میں ایک طالب علم ان کے پاس آیا اور کہنے لگا۔"سر! میری طبیعت ناساز ہے۔ مجھے گھر جانے کی اجازت دیجیے۔' اس پر اسد صاحب نے اس سے کہا۔"میاں! تم مجھے کیوں پریشان کرنے چلے آئے ہو' جاؤ! اپنے کلاس ٹیچر سے چھٹی مانگو۔ طالب علم نے کہا" سر! آپ ہی تو ہمارے کلاس ٹیچر ہیں'۔ گویا ہوئے۔"اچھا پہلے کیوں نہیں بتایا...اچھا اب جاؤ"........اِس طرح کے واقعات سے اسد صاحب مسلسل جوجھتے اور گزرتے رہے ہیں۔ ان واقعات نے انھیں جو ذہنی آسودگی عطا کی ہے، شاید ان کی خوبصورت اور چٹپٹی تخلیقات اسی سرمایہ کاری کا نتیجہ ہیں۔

اسد صاحب زبان کے خوبصورت اور برمحل استعمال کا بھرپور سلیقہ رکھتے ہیں۔ وہ بات میں بات پیدا کرنے کے ہنر سے خوب واقف ہیں۔ اور وہ زبان کے تخلیقی استعمال پر قادر ہیں۔ اس لیے معمول کی گفتگو میں بھی ان کی زبان سے ایسے جملے نکل جاتے ہیں۔ ایک مرتبہ خاکسار کے ایک سوال کے جواب میں یوں گویا ہوئے۔"وردھ کے ایک چھوٹے سے قصبے وروڈ میں میں نے آنکھ کھولی جواب تک کھلی ہوئی ہے اور دنیا کے دگرگوں حالات کو دیکھ کر دن بہ دن کھلتی ہی جارہی ہے۔" اپنے گاؤں وروڈ کے خاکے میں لکھتے ہیں۔" اس بستی کے لوگ سنترے کھلا کر اپنے دشمنوں کے دانت کھٹے کر دیتے ہیں مگر ہماری بدقسمتی دیکھیے کہ اس مقام پر برسوں گزارنے کے بعد ہم یہ ہنر نہ سیکھ سکے۔"

ایک دن کہنے لگے،' میں نے شہر ناگپور میں ملازمت اختیار کی تو باہر والے شخص کو جن مسائل کا سامنا کرنا پڑتا ہے مجھے بھی اس تعصب سے گزرنا پڑا، چونکہ مجھ پر علم و ادب کا لیبل چپکا ہوا تھا اور میں باہر سے آیا تھا اس لئے مجھے کچھ لوگ ''البیرونی'' کہا کرتے ہیں۔ میں اس ادارے میں' ان وانٹیڈ' تھا جس کے ساتھ وہ سلوک کیا گیا جو کسی وانٹیڈ کے ساتھ کیا جاتا ہے۔'

اسد صاحب تحریر کی طرح تقریر کے بھی مرد میداں ہیں۔ اس لیے ان کی تقریر بھی بڑی جاندار' پرلطف' شگفتہ اور دلچسپ ہوتی ہے۔ اگرچہ وہ اپنی تقریر میں عام فہم زبان کا استعمال کرتے ہیں لیکن الفاظ کے انتخاب اور جملوں کی بندش سے ایسا سماں باندھ دیتے ہیں کہ تقریر کا اثر سامعین کے دل و دماغ سے روح تک اتر جاتا ہے۔ گزشتہ دنوں ایک ادبی تقریب میں خاکہ پیش کرتے ہوئے میری دراز قامتی کو اپنے انشائی انداز میں بیان کیا:"بال بھارتی لسانی کمیٹی کی رکنیت کے لیے ناصر صاحب کا انتخاب ہونے کے بعد ایسا محسوس ہوا گویا گھنی جھاڑیوں کے درمیان ایک بانس کا پودا بڑی تیزی سے آسماں چھونے کی کوشش کر رہا ہے اور اچانک اس پر ہماری نظر پڑ گئی ہو۔" آگے تقریر میں زبان کی خوبصورتی کا لطف لیجیے۔ ڈاکٹر انصار کو ان کی درازی قد کا سب سے بڑا فائدہ یہ حاصل ہے کہ وہ ہر قسم کے معاملات کو ایک بلند مقام سے دیکھ سکتے ہیں....

اسد صاحب خود صاحبِ کمال ہیں اور اہل کمال کے قدر دان بھی........وہ مسلکاً سلفی ہیں لیکن ان کے اساتذہ انھیں "صوفی صاحب" کہتے ہیں۔ خاکسار کو تصوف اور اہل تصوف سے کوئی علاقہ نہیں۔ میں دین میں شریعت ہی کو کافی سمجھتا ہوں جہاں تصوف جیسے کسی اضافی تصور یا نظریے کی ضرورت باقی نہیں رہتی۔ اگر اسد صاحب کے اساتذہ انھیں تصوف کی اصطلاح میں" صوفی صاحب" کہتے ہیں تو اب میں بھی تصوف کے سلسلے میں اپنے تحفظات پر نظر ثانی کرنا چاہوں گا۔ میں خود بھی اسد صاحب جیسا صوفی بننا پسند کروں گا جو شریعت کی مکمل پابندی کرتا ہو' دنیا کے معاملات بھی دیکھتا ہو' ادب بھی تحریر کرتا ہو اور ان سب پر مستزاد........ایک بہت اچھا انسان بھی ہو۔۔

☆......○......☆

مشاہیر کے تاثرات

آپ کی تنقیدی اور تحقیقی کاوش تعریف اور قدر کے لائق ہے۔آپ کی تازہ کتاب 'ڈبل رول' نے مجھے بہت محظوظ کیا۔

شمس الرحمٰن فاروقی

بھارت میں آپ واحد ادیب ہیں کہ انشائیہ کے مزاج اور تقاضوں سے پوری طرح باخبر ہیں۔آپ کے انشائیے کا اسلوب اور 'دوسرے کنارے' پر چہل قدمی کرنے کا انداز انشائیہ پر آپ کی گرفت کا ثبوت ہے۔امید ہے آپ اس نئی صنف (کم از کم اردو کی حد تک) میں مزید عمدہ تخلیقات پیش کریں گے۔میں چاہتا ہوں کہ اوراق کے ہر شمارے میں آپ کا ایک انشائیہ ضرور شامل ہو۔

وزیر آغا

آپ کا خط ملا جی خوش ہوگیا۔آپ بڑی مستعدی سے علم و ادب کی خدمت میں مصروف ہیں۔مراٹھی ظرافت پر جو مقالہ آپ تحریر فرمائیں اسے علاحدہ سے '' آجکل دہلی'' میں بھی شائع کرادیں۔آپ '' بوڑھے کے رول میں'' کا مسودہ فوراً رجسٹری سے ارسال فرمادیں۔میں مقدمہ کا حق ادا کرنے کی کوشش کروں گا۔

احمد جمال پاشا

اسد اللہ ۔ دعائیں،پوری کتاب (بوڑھے کے رول میں) ایک نشست میں یعنی رات کے دو ڈھائی بجے تک پڑھ ڈالی۔کسی تحریر کی دل نشینی اور نظر فریبی کی اس سے بہتر داد اور کیا ہوسکتی ہے۔۔اسد اللہ تو ہو ہی،دنیائے ادب پر جلد ہی غالب ہو جاؤ گے۔تحریر جاندار ہے،نظر میں وسعت اور گہرائی اور زبان و بیان پر قدرت،قلم پر گرفت مضبوط ہے۔دریا کی لہروں کی سی روانی کے باوجود کہیں غیر معیاری لفظ یا محاورہ نہیں۔دوسری کتاب کا انتظار ہے۔

شفیقہ فرحت

ڈاکٹر صفدر

محمد اسد اللہ اور پر پرزے

محمد اسد اللہ کے یہاں پہلے طنز کی پھوار پڑی پھر ان کے چہرۂ انور پر سبزہ اگا۔اس سے عمر کا اندازہ ہوسکتا ہے۔اب ان کا چہرہ یہ بتاتا ہے کہ طنز و مزاح کی بارش خوب جم کر ہو رہی ہے۔دیکھتے ہی دیکھتے ان کے انشائیے شگوفہ،تعمیر،نگار،آجکل،شاعر اور اوراق وغیرہ رسائل میں نظر آنے لگے اور انشائیوں میں یہ نظر آتا ہے کہ ان کو کیا کیا نظر آتا ہے۔

اسد اللہ خالص انشائیہ نگار ہیں۔اپنے انشائیے میں اسد کو کہیں جانا نہیں ہوتا مگر وہ دنیا بھر کی سیر کر لیتے ہیں۔وہ عنوان مقرر کر لیں تو اس کے محیط پر بہت کچھ چکر کھانے لگتا ہے۔ان کے کچھ انشائیوں کے عنوانات یہ ہیں:

نوٹ،آنسو،طوطے،پنگھٹ،چہرے،پاکٹ۔

بظاہر یہ عنوانات نقطے جیسے ہیں جن میں لمبائی اور چوڑائی کچھ نہیں ہوتی،مگر اسد کی نگاہ کا لمس پا کر یہ نقطے ہاتھ پاؤں نکالنے لگتے ہیں۔بلکہ ان کے اعضائے رئیسہ و خبیثہ سب دریافت ہوجاتے ہیں۔کچھ نہیں کہا جا سکتا کہ وہ کہاں سے کس پر وار کریں گے۔طنز و مزاح کا ہدف ڈھونڈنے کے لیے انھیں کسی بے وقوف کو پکڑنے اور رچپت لگانے کی ضرورت نہیں ہوتی کہ قارئین پڑھیں ہنسیں اور داد دیں بلکہ خوف محسوس ہوتا ہے کہ نامعلوم کس سطر میں طنز کا وار ہم پر ہوتا ہے۔ان کا طنز و مزاح منصوبہ بند نہیں ہے۔اس لیے ان کا کوئی بندھا ٹکا اسلوب بھی نہیں ہے۔انشائیے کی بے ہئیتی پر اسد کی گرفت آج ہی سے مضبوط معلوم ہوتی ہے۔

(پیش لفظ،پر پرزے ۱۹۹۲)

......☆......

مجتبیٰ حسین کے منتخب مزاحیہ شہ پارے

مجتبیٰ حسین کا شگفتہ قلم

مرتبہ : ادارہ شگوفہ

بین الاقوامی ایڈیشن منظر عام پر آ چکا ہے